Herr,

ich bin dein

Autorenname

Regina Grau - Egli

Haupttitel

Herr,

ich bin dein

Untertitel

Geistes – Lehren

Weiße Bruderschaft

© *2012 Name des Autors/Rechteinhabers **(Regina Grau -Egli)***

Herstellung & Verlag: BoD™ – Books on Demand GmbH, Norderstedt
Printed in Germany
*ISBN: 978-3-**848202959***

GEISTES - LEHREN
WEISSE BRUDERSCHAFT

EINFÜHRUNG

Ich heiße Regina und möchte mit diesen Beiträgen eine
Fülle von der jenseitigen Welt vermitteln.
Wie ich in diese Vermittlung kam, erzählt mein
Schreibpastor Jan. Er ist mein Interakteur und Freund
in der jenseitigen Welt.

Mit der Aufgabe von den Durchgaben und Informationen ist in der nahen Zeit Regina
betraut und somit unser Schreibmedium.
Wir sind eine große Gemeinschaft, die Hierarchie, eine
so genannt erleuchtete Gruppe von ehemals inkarnierten Menschen. Wir haben die Wege wie ihr gemacht
und für die Unendlichkeit eine Einheit in Gott.
Nun sind wir bereit, euch mit Rat und Tat beizustehen.
Um dies nicht in die Sphäre zu schicken ohne Absender, erlauben wir in unserer Mitte eine Vermittlung und
bereichern euch damit.
Ich freue mich, mit euch kommunizieren zu dürfen und
bin der Vermittler
Jan

Channel 1

Ich heiße Jan und möchte euch Erdenkindern in dieser
Form ein wenig helfen, den Planeten mit seinen Funkti-
onen und euch zu verstehen. Wir haben andere Möglichkeiten und so die besseren Aussichten.
Ein Planet besteht für euch aus Wasser, Erde, Luft und
Feuer. Ihr habt diese Elemente so entdeckt und so ist
das nur ein Teil dieses wunderbaren Geschöpfes. Ihr
habt euren Körper und die Planeten die Ihren.
So seid getrost, dass das Leben von Gott, dem Schöpfer oder der anderen Namen für Ihn, erschaffen wurde.
Er hat mit viel Liebe und Achtung daran geschliffen,
um euch und den anderen Lebensformen ein Zuhause
zu geben.
Um die Schule zu absolvieren lasst euch nicht von den
vielen anderen Meinungen verwirren. Sie beinhalten oft
eigene Wünsche und Vorstellungen. Bearbeitet die
Themen, die euch täglich gestellt werden mit Liebe und
Konzentration. Kein Ding auf diesem Planeten ist ohne
Führung und Anleitung. Die Anleitung ist in euch und
wartet auf die Ausführung. Du und du, ihr habt so viele
Talente und Geschenke auf die Reise mitbekommen,
als dass ihr sie brach liegen lassen solltet.
Nutzt sie und seid in Licht und Liebe gegrüßt von eurem Jan

Channel 2

Ich bin der Geist, der euch mit der Geistigen Welt vertraut macht und die Angst nimmt vor uns, der Hierarchie mit ihren Helfern und Lichtwesen.

Ihr habt so viele Helfer, dass ihr nie ein Gefühl der
Schwere oder Feindschaft gegen jemand oder etwas
haben sollt.

So seid in euch gefestigt und gebt dem Nächsten den
Respekt, den ihr von ihm erwartet.

Habt euch lieb und seid euch gegenseitig Freunde.

Gebt euch die Hand nach Streitigkeiten. Ihr habt sehr
viele Freunde in der jenseitigen Welt.

Gebt ihnen die Aufmerksamkeit, sie die sich wünschen.
Wir haben euch alle lieb und wünschen uns eine gute
Zusammenarbeit mit euch. Ich möchte mit euch ein
Verhältnis der Freude aufbauen, um mit der Welt und
seinen Anforderungen besser umgehen zu können. Wir
haben eine Vielzahl von Hilfen, die mit euch das Einmaleins der Lebenshilfe erarbeitet. Wir freuen uns über
jeden einzelnen und gewährleisten einen kostenlosen
Unterricht. Wir bieten euch eine Vielzahl von Themen
an. Wir möchten einen Einblick gewähren, das heißt,
eine Kostprobe erstellen.

Wir haben einen Körper wie ihr, nur ohne Organe, da
wir nicht mehr inkarniert sind. Das heißt, wir ernähren
uns nicht mehr von organischen Substanzen und müssen dementsprechend nicht ausscheiden. Unsere Nahrung ist Licht in Form von Partikeln, die zu unserer Hülle passen.

Wir haben keine Körper die altern und krank werden,
sie sind unendlich. Sie verfügen über ein System, das

mit dem All in Einheit ist.

Es gibt keinen Aufenthaltszwang, es geschieht alles freiwillig. Daneben gibt es eine Aufsicht, die mit unseren Wünschen in Kontakt treten, um sie in die Realität zu setzen. Wir wünschen uns nur göttliche Eingebung, so ist die Erfüllung von falscher Eingebung ausgeschlossen.

Wir erfüllen uns nur Wünsche, die mit Gott vereinbar sind.

So seid in Licht und Liebe gegrüßt von der Hierarchie

Channel 3

Hallo liebe Kinder,

wir freuen uns, mit euch kommunizieren zu dürfen. Es gibt vieles zu berichten, freut euch des Lebens.

Wir freuen uns, wenn es euch gut geht.

Habt Spaß miteinander und segnet so die Welt. Mit Freude verbreitet ihr großes Glück. Die meisten Menschen verdienen ihr Glück durch das Sein. Die Stufe des Seins ist die höchste und kann nur geschmälert werden durch die Tätigkeit des Unfriedens, der Gewalt und der Unehrlichkeit, die schlimmste aller Untaten. Du hast eine Verantwortung zu tragen und so erfülle diese Ansprüche des friedlichen Zusammenlebens mit der Gemeinde und der Familie.

Hüte dich vor Gewalt, da sie wiederum Gewalt erzeugt.

Du hast die Verantwortung. Es entsteht nur das, was du erzeugst.

Erzeugst du Friede, entsteht Friede.

Erzeugst du Irrsinn, entsteht Geisteskrankheit.
So halte dich an die Gesetze, die ihr in euch erhalten
habt und seid Kinder Gottes. Du und du, ihr habt so
vieles mit auf den Weg bekommen, als dass ihr fehl-
schlagen könntet.
Geht mit Gottes Führung und das Leben wird einfach.
Mit viel Mühen und Nöten kämpft ihr. Um die Welt zu
verschlechtern braucht ihr nicht zu kämpfen. Es ent-
spricht nicht der Natur des Göttlichen Geschlechtes,
die Waffen zu ziehen. Ihr habt die größte Waffe:
Das Leben.
Die Lebenden erfüllen die Liebe -
das Leben ist Liebe.
Die Erfüllung liegt im Liebe sein.
Du und du, ihr habt so viel davon und ihr sortiert nach
Gutdünken. Wer und wer nicht, was und was nicht, wie
und wie nicht.
Hat Gott sortiert, als er euch erschuf?
Er liebt was ist und so dürft auch ihr lieben, was ist.
Bereitet euch vor, die Liebe erfüllt alles. Ihr habt Liebe
geschenkt bekommen in euren Zellen und deshalb lebt
Liebe in jeglicher Form.
Werdet zu Kindern in euren Herzen.
Erfüllt euch mit Liebe und Achtung.
Das Reich Gottes liegt in euch, nicht außerhalb.
Das Reich wartet auf Erfüllung und Annahme. Arbeitet
euch dahin zurück.
Ihr findet es in Licht und Liebe.
Hierarchie

Channel 4

Ich bin heute hier, um euch mitzuteilen, dass ihr Kinder Gottes seid.

Achtet auf euren Umgang und werdet zu Kindern des Lichtes. Ihr habt so viele gute Eigenschaften, die ihr nutzen könnt und begreift, dass ihr alles könnt in Gottes Namen.

Ich bitte euch, lasst alle negativen Züge und Eitelkeiten fallen. Beachtet sie einfach nicht mehr. Erarbeitet euch eine Strategie, die euch besser mit den Eigenschaften des Lichtes in Verbindung bringt - es bewahrt euch vor der Eitelkeit. Die neuen Dinge in eurem Leben heißen euch willkommen. Freut euch über die Erneuerungen in eurem Leben, sie beleben euch mit Geist und Esprit.

Habt keine Angst vor euren eigenen Fortschritten.

Habt keine Angst vor euren eigenen Meinungen.

Sie beweisen Willensstärke und Mut.

Gebt euren Ideen Flügel und kümmert euch nicht um andere Meinungen. Sie handeln nach ihrem Gutdünken und bleiben sich treu.

So vereint euch mit Gottes Hilfe und seid die Freunde, die ihr füreinander sein möchtet. Passt aufeinander auf und seid euch wohl gesonnen.

Ihr habt nur so und so lange auf Erden zu verweilen.

So nutzt die Zeit für euch und eure Wünsche. Sie beinhalten oft eine Botschaft, was euch betrifft und weissagen das Gefühl. Sie spiegeln das wahre Ich und Sein.

 Achtet auf die Aussage eines Wunsches. Sie entscheidet über die Art und Weise des Vorgehens. Sie sagt viel über das Wann und Wie aus. Ihr habt so viele Möglichkeiten, die Dinge zu benennen. Arbeitet an ihnen wie an

einer Schnitzerei, die zu einer Skulptur erwachen soll.
Macht mit ihr die Prozesse einer Geburt. Ihr habt so
viele schöne Erinnerungen an die Geburt des Kindes
oder der eigenen. Ihr habt so viele schöne Schätze in
euch, die ihr nur vergraben habt.
Lasst sie austreten in ihrer vollen Schönheit und Ganzheit. Ihr seid göttliche Kreaturen mit göttlichen Eigenschaften, die euch treu in die Erdenleben begleiten und
fördern. Zugleich seid ihr Schöpfer eurer eigenen Krea-
tion, die ihr für euch wählt.
Macht es wie die Kinder, sie planen nicht und sind einfach einfach wie die Natur mit ihren wunderschönen
Ereignissen und Formen. Ihr habt viele Formen in euch,
die entstehen möchten.
Habt sie lieb und sie wachsen mit Gottes Hilfe.
Seid ihr gesegnet und behütet in Licht und Liebe
Hierarchie

Channel 5

Ich möchte euch mitteilen, dass ihr alle eins seid.
Nehmt euch die Zeit füreinander. Ihr habt so viele Möglichkeiten, die Dinge zu tun, die euch Freude bereiten.
Passt aufeinander auf und gewährt euch gegenseitig
Freiheiten. Die beflügeln euch, um wieder neu zu star-
ten für den Alltag.
Mit unserer Hilfe habt ihr die Möglichkeit, das Leben
mit einer anderen Perspektive zu erkennen. Gebt euch
der Liebe hin und seid in euch gefestigt. Mit der Annahme der Gegebenheiten, die in eure Leben treten,
habt ihr eine schöne Gelegenheit, das Leben mit Leich-

tigkeit zu nehmen.

Gebt ihr das Hetzen und Rennen auf, habt ihr eine Oase vor euch, die jederzeit aufzusuchen ist. Mit meiner Freiheit, die mir geschenkt wurde, als ich in diese Welt der Ewigkeit einkehren durfte, bin ich bereit, mit euch zu lehren und zu bekehren bis ihr glaubt, dass ihr ein Kind des Lichtes seid.

Glaubt an euch und nur an euch.

Da ihr mit der heiligen Geistigkeit verbunden seid, habt ihr den direkten Zugang zu den heiligen Helfern. Nehmt diese Hilfen an und seid in Ihnen aufgehoben. Passt euch den Engeln mit ihren göttlichen Aufgaben an und gebt euer Gemüt Ihnen hin.

Verbreitet mit eurer Hilfe die Freude und das Göttliche - erwartet nichts dafür. Es wird über die Segnung eures Leibes und eurer Seele geschehen.

Seid in euch und gesegnet. Das Wort Gottes ist in euch gepflanzt und gedeiht mit Gottes Hilfe. Ihr habt so viele Möglichkeiten das Leben zu genießen und zu feiern. Mit jeder neuen Aufgabe wächst ihr in die Größe eines neuen Umfanges und somit in die Größe eines neuen Gesichtes mit allen Möglichkeiten. Du hast mit der Größe die Weisheit, das Reich der Götter und die Heilung angerufen. Behalte die Reise in dir und werde heil. Du hast mit der Reise nach dir die Reise nach Gott angetreten.

Befreie dich von dem Gedanken, dass du es nicht wert bist mit Gott zu kommunizieren. Befreit euch von dem Gedanken, dass ihr mit der Last alleine seid. Ihr seid nie alleine. Mit Gottes Hilfe habt ihr jederzeit eine geistige und körperliche Hilfe in Form von Liebe und Ehrung.

Gebt euch nicht auf, wenn die Situation, in der ihr euch befindet, ausweglos erscheint. Macht mit euch das Ab-

kommen, was geregelt werden muss.
Gebt euch nicht mit halben Sachen zufrieden und arbeitet an euch mit Licht und Liebe.
Gebt euch erst zufrieden, wenn du mit deinen Gedanken eins bist und die Lage begriffen hast.
Ich möchte euch aufmuntern, das regelmäßig zu üben.
Gebt nicht auf, seid euch selbst und seid in Gott.
Hierarchie

Channel 6

Mit Hilfe von euch haben wir die Möglichkeit des Feierns und Lachens. Wir haben Körper wie ihr und genießen das Leben mit vollen Zügen. Ich habe eine Bitte an euch - gebt euch nicht mit wenig zufrieden. Ich habe gelernt, aus dem Vollen zu schöpfen. Es ist erlaubt und darf in vollen Zügen genossen werden.
Gebt euch nur mit dem Vollen zufrieden. Ich habe viele Leben gebraucht, um mit dieser Tatsache umgehen zu können. Ich gebe euch den guten Rat, begreift es schneller als ich. Mit den Mitteln, die ihr in die Hände bekommt, habt ihr die Möglichkeit, es zu schaffen.
Gebt euch die Hände und feiert einander. Ich möchte, dass ihr nicht in Trübse(e)ligkeit verharrt. Gebt euch die Hände und seid glücklich. Seid einfach in euch und habt keine Angst vor der Zukunft.
Gebt den Nächsten die Freude, die ihr empfindet und heilt euch gegenseitig. Mit viel Liebe und Achtung gewährt ihr euch die Zuneigung, die ihr sucht.
Habt vor dem Nächsten keine Angst - er ist geboren wie ihr, nur anders in seiner Erscheinung. Passt euch

ihm an und seid ihm ein Freund, der ihn nicht verletzen will. Habt ihn lieb wie er ist und nicht wie er sein sollte. Für euch muss er der perfekte Partner sein, ansonsten ist er nicht tauglich. Mit so viel Erwartung erreicht ihr nur Schmerz und Enttäuschung. Ich habe eine bessere Idee für euch:

Macht es wie mit der Liebe, gebt die Versprechen auf und seid in der Liebe, die euch geschenkt wurde, als ihr auf diesen Planeten inkarniertet. Habt nicht zu viele Erwartungen an euch und lebt ein gerechtes Leben mit Freude und Spaß. Ich danke euch für die Aufmerksamkeit, die ihr mir gebt. Ich möchte mit euch den Weg der Liebe beschreiten und heiße euch herzlich willkommen, meine lieben Geschwister. Heute nach der Unterweisung soll es jedem Einzelnen gut gehen. Er möge von seinen guten Eigenschaften überzeugt sein, die er mitgenommen hat.

Für viele ist diese Inkarnation die erste Bewusste und somit Neuland. Die anderen waren noch verdunkelt und nicht wahrgenommen als neu geboren. Die Neugeburt ist mit vielen Erneuerungen verbunden und heißt für denjenigen eine Entscheidung zur Besserung seiner Lebensumstände. Er befreit sich von Altlasten in dem Sinne, als dass er sich mit dem Neuen beschäftigt. Er ist somit ausgelastet und weiß von seinen Altschulden nichts. Nur im Tun kann er sie verbessern und dazu wird er viele Gelegenheiten bekommen in seinem Leben, das er für sich selbst gewählt hat.

Mit diesem Schreiben möchte ich mich verabschieden und freue mich auf die nächsten Male, die ihr mit mir verbringt.

Ich bin euer Jan

Channel 7

Ich bin wieder hier, um euch mit der Welt zu konfrontieren, in die ihr geboren seid.
Mit der Geburt habt ihr zugesagt, dass ihr geschult
werdet. Ihr habt euch für das System der freien Entscheidung entschieden. Das heißt eine freie Wahl der
einzelnen Aufgaben. Mit dieser Entscheidung seid ihr
eine Gemeinschaftsproduktion eingegangen wie in einem Film - Schauspieler und Regie.
Mit diesem Versprechen erfüllt ihr euch den Wunsch
eures Weiterkommens.
Gewährt euch Einblicke in die Chronik und stellt fest,
dass ihr mit der Durchsicht aller Einzelheiten richtig
liegt. Das könnt ihr feststellen, indem ihr die Stationen
eures Lebens begutachtet.
Stellt fest, ob ihr die Lektion verstanden habt, die euch
auferlegt wurde. Mit dieser Kontrolle habt ihr euch
selbst getestet und somit in den Stand der Möglichkeiten begeben
Achtet auf die Feinheit zwischen Haben und Möchten -
es gibt keine.
Ihr habt das gewählt, was für euch gut war. Immer mit
der Intension, noch Besseres zu bekommen. Ihr habt
das Fass immer voller und voller machen wollen und
irgendwann ist es übergelaufen, um wieder voll zu
überlaufen.
Dieses Spiel läuft so lange, bis der Regisseur eingreift,
um einmal Klarheit zu bekommen, was da überhaupt
gespielt wird. Eure Wünsche sind so oft mit einer neu-
en Verwicklung verbunden, dass ihr nicht mehr versteht, was überhaupt vor sich geht. Ihr habt die Gren-

zen immer wieder überschritten und nicht verstanden,
dass es euch nicht gut tut.
Habt mit euch Mitleid und gebt die Wünsche auf, die
euch nicht gut tun.
Ihr habt anderes Gutes, was ihr euch wünschen könnt,
wie zum Beispiel ein gutes Gefühl oder eine schöne
Eingebung, die euch bereichert. Mit solchen Wün-
schen ist vieles an unschönen Nebenerscheinungen
ausgeschaltet.
Ich habe eine schöne Mitteilung zu machen, die heißt:
Nicht zu viel ist mehr
In diesem Sinne verabschiede ich mich von euch und
bleibe in eurem Gefühl.
Euer Jan

Channel 8

Mit diesem Schreiben erreiche ich euch von weit her
und heiße euch willkommen.
Bleibt bei euch mit euren Sinnen und befreit euch von
allen Sorgen und Nöten. Sie verschwinden nicht mit
denken.
Habt Vertrauen, dass sie sich in einer Form auflösen,
die ihr nicht wissen könnt. Mit unseren Mitteln ist es
einfacher die Problematik wahrzunehmen.
Gebt euch die Mühe, das Ganze zu sehen mit ihren Anforderungen. Oft ist es nicht so, wie ihr es empfindet.
Mit einer sachlichen Distanz gesehen ist oft der Kern
der Geschichte in eine andere Richtung versteckt und
möchte entdeckt werden.
Ich freue mich, wenn die Menschen in Eigenverantwor-

tung gehen, um ihre Schätze zu heben. Sie liegen oft
vergraben und warten auf Entdeckung dieser Heiligtü-
mer. Mit der Eingabe, dass sie nicht nur verlorene
Besitztümer sind, ergeben sich oft Erkenntnisse über
den Besitzer und seine Problematik und die Lösung ist
in ihm selbst.

Ich hoffe, mich klar ausgedrückt zu haben und möchte
mit dieser Idee eine Anregung geben für die zukünfti-
gen Anforderungen mit ihren Begleiterscheinungen
und Sorgen, die ihr uns in Vertrauen abgeben dürft. Mit
unseren Hilfen erscheint dann alles nicht mehr so inte-
ressant und hat eine andere Sichtweise, die mit Leichtigkeit und Humor zu lösen sind.

Achtet auf ein ausgewogenes Leben mit viel Lachen
und gebt keiner Trübseligkeit Platz. Sie erfüllt nichts
Gutes außer einer langen Kette von Negativitäten.

Habt Vertrauen in eure eigenen Ideen und dessen Aus-
führungen. Mit viel Energie und Elan vertreibt ihr die
belastenden Dinge eures Lebens.

Habt miteinander Spaß und führt euch in das Reich der
Elfen und Gnome - sie wissen noch wie man feiert und
lacht. Gebt ihnen die Hand und feiert mit. Alles was ihr
habt ist von Gott, also auch die Freude und der Spaß.
Mit diesen Eigenschaften befreit ihr euch von den
dunklen Gedanken, die euch quälen. Mit diesen Eigenschaften habt ihr eine gute Angriffsfläche, um die niederen Geschöpfe zu eliminieren. Sie haben mit ihrer
Ausrichtung die Orientierung auf Dunkelheit und überleben in Dunkelheit.

Gebt ihnen keine Angriffsfläche, die ihr mit dunklen
Gedanken und Sorgen bietet.

Habt Vertrauen in die lichten Wesen, die euch aus der
Dunkelheit führen und anleiten nach einer Bitte. Sie
warten auf eure Anfrage und gewähren sie auch in

Licht und Liebe.

Habt keine Angst vor ihnen, sie verrichten ihre Arbeit wie ihr die eurige.

Mit diesen Worten verabschiede ich mich und freue mich auf eine Wiederaufnahme mit unserem Medium.

Euer Jan

Channel 9

Ich bin euer Jan und möchte mit euch eine Reise in die verwunschene Stadt der Liebe unternehmen. Schnallt euch an und es kann losgehen.

Die verwunschene Stadt liegt an der Grenze zu der Ewigkeit und zeichnet sich durch eine wunderbare Landschaft aus. Es gibt viele Menschen, viele Tiere und Gartenlandschaften. Ihr habt keine Vorstellung von der Schönheit dieses Paradieses. Mit viel Liebe wurde sie kreiert. Für euch ist dieser Planet das Einzige, was ihr aufnehmen könnt und eine Lebensgrundlage ist. Nur mit dieser Vorstellung könnt ihr eine Idee haben, wie es da sein könnte.

Begebt euch einmal in das Gefühl, welches ihr habt, wenn die Sonne nach langen Regentagen wieder scheint und ihr die Strahlen auf euch scheinen lässt. Mit diesem Gefühl ist ein kleiner Vergleich zu ziehen und die Realität hat Ausmaße, die ihr nicht erfassen könnt mit euren Wahrnehmungssinnen.

Ich sage euch, dass ihr mit dieser verwunschenen Stadt in Verbindung seid und nicht weit suchen müsst. Ihr habt sie in eurem Bewusstsein und habt immerfort die ideale Stimmung vor euch. Nur ist diese Umsetzung hier auf Erden nicht so einfach wie in dieser Stadt. Mit ein paar einfachen Tricks ist es möglich und die erzähle ich euch nun.

Geht in die Tiefe eures Seins und entdeckt die Vielfalt von euch. Ihr habt so viel schillernde Aspekte in euch und verfolgt sie stetig mit Ausdauer. Ihr habt die Auszeichnung erhalten, als ihr in diesen Körper geboren wurdet. Die Auszeichnung der Einheit mit Gott und all den umliegenden Planeten und Sternengebilden. Mit einer dieser Galaxie Gebilde seid ihr stark verbunden, da ihr in diese Zeitspanne geboren wurdet und somit ein Teil von ihr seid. Das Kraftfeld dieser Induktion ermöglicht euch eine intakte Aufrichtung dieses Körpers und hat dementsprechend die Zielsetzung einer Gesundheit der Zellen und Blutgerinnung. Mit dieser Ausrüstung begeht ihr den Weg der Inkarnation und wundert euch über gute wie schlechte Zeiten eurer Gesundheit. Und denkt nicht, dass es in eurer Hand liegt. Diese Ungleichheiten entstehen durch den Rhythmus der Planeten, die in unendlicher Formation Umkreisungen vornehmen.

Mit dieser Illustration möchte ich euch klarmachen, wie wichtig es ist, dass ihr die Gesundheit pflegt. Mit dieser Information erhält ihr ein Verständnis für diesen Körper, der in einiger Zeit nicht mehr existieren kann.

Ich möchte euch nicht verwirren und bitte um Verständnis. Die Zusammenhänge sind noch viel komplizierter, doch die sind für diese Unendlichkeit nicht zu ergründen. Also belassen wir es bei einer einfachen Erklärung und erfüllen dieses Dasein mit Erfreulichem. Die Dinge liegen oft anders als angenommen und basieren auf einer Annahme, die verzerrt wurde durch Eigendenken und Fühlen.

Du hast mit deinem Denken auf eine bestimmte Stimmung gedrückt und bekommst das geliefert.

Ob es in der Geistigen Welt auch so ist, weiß nur die Ewigkeit mit ihren Intelligenzen. Wir können nur alle denken, wie es ist, wenn es ist. Die Realität ist schwer zu ergründen und erfordert viele aufnahmefähige Sensoren, die wiederum das Gehörte oder Gespürte aufnimmt und in eine Sprache der Intelligenz umsetzt. Mit diesem Werkzeug ist eine Realität erfassbar, aber sie ist nicht beweisbar. Deshalb muss jedem Menschen die seinige belassen sein.

Ich freue mich, wenn ihr Interesse habt an der geistigen Schule und hoffe auf eine Wiederaufnahme der neuen Lektionen.

Mit lieben Grüßen

Euer Jan

Channel 10

Ich danke euch für euer Kommen und begreife euch in eurem Sein.

So nehmt mir nicht übel, dass ich anderes wahrnehme als ihr in eurer Begrenztheit. Mit dieser Unterscheidung ermögliche ich mir ein Urteil, das nicht werten soll. Ich kann nur so jeden Einzelnen mit seiner Erfüllung konfrontieren.

Habt Spaß an der Entdeckung eurer selbst. Ich maße mir nicht an, die Dinge zu benennen, die in euch vorgehen. Ich möchte nur die Dinge in die richtige Reihenfolge ordnen.

So gebt euch nicht mit den Gegebenheiten ab, die euch

erscheinen. Sie sind immer veränderlich.

Macht euch mit der Kraft der Veränderlichkeit vertraut und fürchtet euch nicht vor Resultaten. Sie dürfen sein und führen euch in neue Dimensionen. Ich möchte euch mitteilen, dass ihr alles könnt, was ihr euch vornehmt.

Gebt euch nicht mit weniger zufrieden und achtet auf die Instandsetzung der Vorhaben. Sie entstehen durch eine klare Denkweise, die ihr euch aneignen sollt. Mit Ausdauer und Aufmerksamkeit erreicht ihr die Vollendung der Vorhaben.

Achtet auf die Zeichen, die euch gegeben werden und verfolgt sie mit Zielsicherheit. Ich bin sicher, dass ihr die auch schon mal wahrgenommen habt und möchte, dass sie umgesetzt werden. Um diesen Prozess zu erreichen, erfüllt eure Aufgaben, die in eure Bereiche gehören und seid mit dieser Kraft bei der Sache.

Nicht die Schnelligkeit zählt, sondern die Konzentration, die dahinter steht.

Ich bin mit dieser Konzentration, die aus der Mitte entsteht, auch weiter gekommen als mit Hektik und Stress. Ich habe viele Leben so zugebracht und gesehen, dass ich nicht weiter kam als eine Heuschrecke, die von da zu dort hüpft.

Mit diesen Worten verabschiede ich mich und bin euer Jan

Channel 11

Ich bin heute hier, um mit euch eine Reise in die Vergangenheit zu unternehmen.

Wir befinden uns in der Zeit des Weltkrieges und fordern deshalb viele liebevolle Engelhände auf, uns zu begleiten.

Wir befinden uns in der Situation, dass die Regierung mit der Bevölkerung eine niederträchtige Aktion vorhat. Mit allen Mitteln wollen sie einen Teil der Menschheit in die Verbannung schicken, da sie nicht der hohen Klasse Mensch entspricht. Mit diesem Wunsch ist eine große Lawine losgetreten worden. Sie forderte viele Menschenleben, die mit ihrer anderen Herkunft und Andersartigkeit nicht akzeptiert waren. Heute sind viele davon mit der Situation von damals nicht mehr einverstanden.

Doch in der Zeit der Auferstehung Jesus Christus ist eine neue Ära angebrochen und darf neu entstehen.

Du hast mit der Arbeit an der Menschheit einen Teil dazu beigetragen, dieses Karma zu löschen.

Arbeitet weiter daran und vergesst nicht, den Mitmenschen in euer Leben einzubinden. Jeder braucht eine Stelle des Angenommen seins.

Du hast mit vielen Menschen die Stelle ihres Angenommen seins erarbeitet und auf eine Weise geheilt.

Ergebt euch nicht in die Flucht des Selbstmitleides - es ist nicht aufbauend. Die richtige Haltung solcher Erlebnisse ist die Freigabe davon.

Erhaltet die guten Gedanken und fördert die Heilung dadurch.

Mit diesem Rezept erhält ihr eure Gesundheit, ohne die ihr nicht viel unternehmen könnt.

Passt ihr auf euren Körper auf, habt ihr eine längere Lebensdauer und eine bessere Lebensqualität.

Achtet auf den Besitz, den ihr von Gott geschenkt bekamt. Er hat euch für diesen hochheiligen Besitztum erwählt und deshalb achtet ihn als das.

Wir möchten die folgenden Worte mit einer Welle der Freude überbringen:
Habt euch lieb und seid in Gottes Namen gesegnet.
Danke für eure Aufmerksamkeit und bleibt in unserem Geist.
Hierarchie

Channel 12

Mit dieser Durchgabe ist ein kleiner Einblick in die andere Welt gestattet. Wir haben mit euch eine enge Verbindung und freuen uns über die vielen Interessierten, die mit uns die Reise antreten.
Ich möchte euch eine Palette von Vorschlägen anbieten. Die umfasst eine Reihe von dem, was ihr auf diesem Planeten antrefft und seid euch bewusst, dass ihr mit der Geistigen Welt ein Bündnis eingeht, wenn ihr geboren werdet.
So seid verbündet mit uns und befreit euch von Angst, die euch lähmt.
Ich freue mich, wenn ihr mit der Geistigen Welt kommuniziert. Es gibt eine Vielzahl von Ereignissen, die nicht erfreulich sind.
Macht euch mit der Tatsache vertraut, dass die Taten nicht von der Geistigen Welt stammen.
Sie entstehen durch eure Einstellung und Vorstellung, die wiederum auf ein Zentrum der Drüsen einwirkt und somit einen Effekt erzielt.
Mit dieser Erklärung seid ihr auf euch selbst gestellt und bewirkt eure Welt.

Heilt euch mit der Liebe, die in euch lebt und seid eine Einheit der Freude. Punktet mit dieser Freude und erhebt euch über das Unangenehme.

Die Folge davon ist Erkenntnis und Weisheit.

Mit diesen Attributen befreit ihr euch von der heillosen Welt der Ungläubigen und Ungehorsamen, die mit ihrer Einstellung zu einem Unheil beitragen. Befreit euch von ihnen und seid mit eurer gütigen Art ein Gegenpol, der mit aller Kraft dagegen wirkt.

Ich möchte euch sagen, dass mit dieser Hilfe eine große Erleichterung entsteht und die Planeten in ihren Bahnen runden ohne eine Einschränkung der dunklen Mächte, die ein Anrecht auf die Existenz haben.

Mit eurer Liebe und Güte erfüllt ihr die Aufgabe der Göttlichkeit. Gebt nicht auf und seid weiterhin die Kinder der Liebe und des Lichtes.

Ich bin euer Jan

Channel 13

Ich freue mich, dass ihr wieder bei mir seid und möchte euch einmal in die neue Zeit führen, die euch erwartet.

Mit Freude sollt ihr sie empfangen und das Leben mit vollen Zügen genießen.

Habt keine Angst vor ihr - es ist in alle Richtungen vorgesorgt. Mit den Leistungen, die ihr erbringt, habt ihr große Chancen für eine gute neue Zeit.

Begebt euch nur in liebevolle und segnende Hände, die euch mit Liebe heilen.

Passt auf das Geschenk Körper auf und ehrt ihn.

Du hast mit der Angst, die euch lähmt, Erfahrung. So benutze sie als die Energie, die dich in die Höhe der lichten Sphären führt.

Verbringe dort die Zeit, in der du mit den Energien der niederen Mächte zu tun hast.

Speichere die Erfahrung und freue dich auf den Aufenthalt in der Heimat. Mit uns verbringst du dadurch schöne Zeiten und verfügst über die Kraft der Heilung von besetzten Mitmenschen. Sie entstehen durch das Einlassen von negativen Energien und verbreiten sich rasend schnell. Du hast die Gabe, den Sinn dieser Energien zu lesen und verstehen, so ereilen sie die, die mit den Kräften umgehen können und sie erlösen von ihrem Un - Sinn. Du hast die Kraft, sie zu vertreiben und in ihre Schranken zu weisen. Begleite sie nur bis zu der Tür, die restliche Arbeit übernimmt das Kommando der Wehrmacht von Erzengel Michael.

Ihr habt schon viel von ihm gehört, doch ihr könnt euch nicht vorstellen, was er in der Tat zu vollbringen hat. Ihr habt nur kleine Proben davon, was dieser Planet auszuhalten hat. An diesen kleinen Kostproben seht ihr, was den Planeten wirklich zerstört. Es sind eure negativen Denkweisen, die das Fass zum überlaufen bringen. Ihr habt so viel negative Kraft wie auch positive. Also wendet die Positive an und verbringt viel Zeit mit der Liebe, die alles vermag. Nicht nur das Wesen des Lichtes ist hilfreich, sondern auch die neue Zeit, die vieles in die richtige Richtung rückt und euch mit der Angelegenheit konfrontiert, die ihr zu erledigen habt - und nicht mit unnützen Dingen.

Das Fass ist am Überlaufen und deshalb seid wachsam, was ihr unternehmt und in die Welt der Realität setzt.

Habt Vertrauen in eure Intuition und seid in Licht und

Liebe gegrüßt von eurem Jan

Channel 14

Mit diesem Schreiben möchte ich die Zeit der Stunde
und Minute erklären.
Beginnt mit dem Tag, indem ihr mit der Zeit lebt. Sie ist
eine lebendige Sache.
Habt ein Gefühl wie:
In der Zeit sein, wie ein Mantel, der euch umhüllt. Mit
viel Anspannung erreicht ihr die Zeit der Spannung und
mit der Leichtigkeit die des Lichtes. So habt ihr die
Wahl, wie ihr die Zeit nutzt und euch zu Nutze macht.
Ich habe die Gabe, das Zeitliche zu dirigieren und das
könnt ihr auch. Befreundet euch mit der Macht der
Möglichkeit, zu jonglieren. Ihr jongliert die Zeit, wie ihr
sie braucht in dem Moment. So habt ihr das Sagen über
eure Belange und Anforderungen.
Begreift, dass ihr Götter seid in einer Menschenhülle,
die nur eine bestimmte Zeit die eurige sein kann und so
füllt diese Zeit gut aus und nutzt die Stunde, die euch
geschenkt ist.
Wir überprüfen das Weltliche und ihr die Eingebungen,
die laufend stattfinden. Sie zeigen euch Wege auf, die
ihr nehmen könnt oder nicht - die Wahl liegt bei euch
und sagt nichts aus auf ein Gelingen. Wir geben nur die
Idee und ihr verfolgt die Wandlung der Dinge, die dann
entstehen.
So arbeiten wir und haben erfolgreiche Resultate. Mit
dieser Weisung habt ihr eine machtvolle Weihung empfangen und könnt damit euer Leben besser gestalten.

Mit Einweihungen ist es wie mit der Zeit, die bekommt ihr, wenn ihr die Aufgaben gut und richtig verstanden habt.

Ohne Hetze seid ihr in der lichten Sphäre und öffnet euch dadurch die Tore, durch die ihr das Reich des Himmels betretet. Freut euch über kleine Erfolge und die wachsen durch das Üben.

Ich möchte euch ermuntern, die Fäden in die Hand zu nehmen und die Richtung zu bestimmen, die ihr einschlagen wollt.

Habt genug Ausdauer und Kraft, die Dinge anzugehen, die gefordert sind.

Ich habe eine Reihe Anforderungen an euch, wie zum Beispiel eine gute Auffassungsgabe, die mit der Tat zu verbinden ist und nicht abgelegt werden soll wie ein Paar Schuhe. Nutzt sie für eure Angelegenheiten und freut euch über Erfolge wie:

Aussenden von Positivem und Nützlichem.

Für andere seid ihr dementsprechend ein Vorbild mit Kraft und Vitalität.

Ich habe die Aufgabe, das zu koordinieren und eine gute Fee für euch zu werden. Ihr habt richtig gelesen, die Feen sind männlich wie weiblich in Tätigkeit und haben keinen Stellenwertunterschied. Mit diesem Tun bezeichnen wir das Begreifen und Fördern von unseren Lichtkindern, die mit der Welt, wie sie sich nun zeigt, nicht zufrieden sind.

Ich habe diese Aufgabe für die Suchenden gerne übernommen, die wenigstens bereit sind, das anzugehen, was andere nicht wagen.

Gebt euch nie in Ängste hinein, die noch nicht einmal eingetreten sind. Sie existieren nur in der Vorstellung.

Ich habe mit euch noch viel vor und freue mich, dass ihr in die Materie des Lebens mit mir einsteigt. Je mehr

ihr erfährt, desto mehr habt ihr Spaß und Lebensfreude. Angst kann nur Jemand erspüren, der mit der Angst Erfahrung hat. Die Angst zerstört das Lebensfeld und verhindert Neues. Das Neue fordert die Menschen zu einer Leistung heraus und möchte Anerkennung. Gebt diese Anerkennung dem Neuen und seid bereit, das Gewagte zu schätzen. In eurer Welt herrscht immer noch die Meinung von:
Bescheidenheit sei bewundernswert.
So viel zu diesem Irrtum.
Ihr müsst euch nicht nach Meinungen wenden.
Ich habe mich nie nach Meinungen gedreht und die Straße der Reichtümer gefunden.
Ich bin ein guter Lehrer und hoffe, noch lange bei euch bleiben zu dürfen.
Mit lieben Grüßen des Lichtes
euer Jan

Channel 15

Ihr Lieben,
ich möchte euch heute mit der Reichtums Frage beschäftigen.
Bearbeitet sie wie eine Rechnung, die beglichen werden muss und freut euch, wenn sie bezahlt ist. So ist es eine Herausforderung wie das Leben selbst. Du hast mit deinem Leben die Möglichkeit, zu sein oder nicht zu sein. Ein wenig dazu beitragen muss man und feiert dann die Erfolge mit ihren
Annehmlichkeiten, die einen wieder beflügeln, sich zu fühlen wie ein König.

So seid denn mit der ganzen Kraft in der Konzentration und freut euch über die Resultate.

Ich möchte euch zeigen, wie es geht.

Passt auf eure Zeichen auf, die ihr bekommt. Es sind Zeichen der Ruhe und Ordnung und freut euch, wenn sie da sind. Ich frage mich, ob ihr wisst, wie reich ihr seid und es nicht annehmt, da ihr denkt, dass Reichtum verwerflich sei.

So seht ihr, dass ihr mit der Tatsache der Fülle nicht vertraut seid.

Begebt euch in die Zone des Reichtums und werdet reich. Mit der Zeit ist das die richtige Lösung und erfordert eine gewisse Spannung, die ihr erreicht durch üben und Vertrauen mit der Materie.

Ich habe viele Leben dafür gebraucht und möchte es gerne weitergeben. Ich habe zum Beispiel viele Male die anderen und das Universum dafür verantwortlich gemacht, dass ich arm und ärmer war als viele andere. So konnte ich an mir ablesen, wie vergrämt ich war. Ich hatte außer meinen Kleidern nichts, was ich mein Eigen hätte nennen können. So verarmte ich immer mehr und wurde mir nicht bewusst, dass ich an der Misere selbst schuld war. Mit jedem Leben wurde das Armutsgefühl schlimmer und endete in der absoluten Resignation. Mit diesem Gefühl ging ich in die Heimat und freute mich über genügend Versorgung. Der Reichtum präsentierte sich als eine normale Sache und forderte keine Anstrengung. Der Unterschied, wie ich mich fühlte, war enorm.

So möchte ich euch ermuntern, die Sorgen um die Versorgung an die großen Meister der Lichtregion abzugeben und mit der gleichen Freude und Freiheit, in der ich mich befand, zu leben. Ich kann es euch leider nicht zeigen, jedoch ihr könnt es spüren. Wenn ihr es fühlen

wollt, geht in eine gute, teure Wohngegend und be-
trachtet diese wohlhabenden, reichen Anlagen in ihrer
Schönheit und begebt euch in die Räume hinein in Ge-
danken.
Es reicht für eine Gefühlswallung und die soll beibehal-
ten werden, wenn diese Gefühle der Armut wieder
übergreifen. Sie haben nichts auszusagen, nur dass sie
immer und immer wieder das Befinden stören und mit
aller Kraft die Realität beeinflusst mit ihren negativen
Gedanken.
Du hast so viele Positive zur Verfügung, so nutze sie in
Gottes Namen.
Keine Kraft ist stärker als die des Geistes in Gottes
Namen.
Heute habt ihr viel von mir und der Kraft des Gedan-
kens erfahren und so hoffe ich, dass die Lektion in dieser Form angekommen ist.
Ich verabschiede mich mit folgender Bitte, dass ihr
nicht träge werdet und die Ansprüche in eurem Leben
er-fordert und fordert.
So verlasse ich euch und bin
euer Jan

Channel 16

Liebe Kinder,
ich möchte euch ein kleines Geschenk überreichen,
indem ich die reiche Seite des Lebens aufschlage und
ihr mit mir die Reise zu der neuen Zeit unternehmt. Ich

bringe euch bei, wie man die Reise antritt und das
Neue in die Zelle aufnimmt, das die neue, angebroche-
ne Zeit mit sich bringt. Ich freue mich, wenn ihr mit dieser Einstellung zum neuen Zeitalter wechselt und versteht, um was es geht.
Die Geister der Natur und der reichhaltigen Erdmasse
werden die Höhen in die Tiefe legen und das Wasser
mit der anderen Erdmasse vermischen. Die Türme, die
mit der Höhe verschmolzen sind, verfallen und die Höhen haben die Masse der Einfältigen. Sie türmen sich,
bis sie fallen und erheben sich wieder in der neuen
Umgebung, die für sie ansteht, um weiter zu erheben,
was sie wollen.
Ich will damit sagen, dass die neue Zeit einer anderen
Vorstellung entsprechen soll und nicht wieder dieselbe
Unordnung für die eigenen Bedürfnisse entsteht.
Mit dieser kleinen Weisung soll euch gezeigt werden,
wie wichtig es ist, die eigenen Bedürfnisse zu überprüfen und über-denken. Sie sind oft nicht so hoch, wie
angenommen. Ich möchte euch zeigen, dass es ganz
einfach ist, die Dinge zu unterscheiden, die ich haben
möchte. Mit der Unterscheidung ist es wie mit der Annahme von Geschenken. Sind sie richtig, waren ihre
Anwendungen vorgesehen.
In der Geistigen Welt ist jedes Geschenk erfasst und
mit der richtigen Anwendung verbunden. Ist es in falscher Anwendung, verliert es die Idee und den Wert.
Mit Wert ist gemeint, dass das Teil nicht seine Bestimmung erfüllt. So ist es besser, nicht zu einer Vermittlung zu gelangen, als falsch zu erscheinen. Mit dieser
Weisung habt ihr die Resultate von vielen Vorhergese-
henen .
Ich verabschiede mich und habe eine große Freude
empfunden, euch mit der Geistigen Welt zu verbinden.

Ich bin euer Jan

Channel 17

Mit diesem Channel möchte ich euch zeigen, wie es geht, die Menschen in ihren Gefängnissen, die sie sich selbst geschaffen haben, zu erfahren.
Wir von der Geistigen Ebene haben die Möglichkeit zu sehen und die Tatsachen zu erörtern. Ich habe eine Frage an euch:
Möchtet ihr mit einer netten und höflichen Art und Weise die Dinge erfahren oder das andere, die harte, direkte?
Wir bevorzugen die liebevolle, da sie mit der Einheit von diesem Planeten übereinstimmt.
Ihr habt viele dieser Unarten in die Lebensgrundlage eingebaut, doch der Weg ist über die Liebe.
Vergesst nicht, woher ihr gekommen seid.
Die Dinge sind oft wieder in Vergessenheit geraten und haben sich in unrechter Art und Weise entwickelt.
Wir möchten, dass ihr die unschönen Charaktereigenschaften in die Ruhe legt, um mit schönen, angenehmen Worten und Taten die Aufgaben des Lebens erfüllt. Mit dieser Angewohnheit habt ihr leichter und verantwortungsvoller das Leben erlebt.
Ich denke, dass ihr nur die Worte des Verständnisses wählen müsst und schon seid ihr auf dem richtigen Weg der Verständigung zu eurem Nächsten. Die Lektion ist nicht so schwer, wie ihr sie euch vorstellt.
Die richtigen Worte zu wählen ist eine Christus-Angelegenheit, die von höchster Wichtigkeit ist.

Mit all den unflätigen Worten verletzt ihr euch selbst wie den Nächsten. Ich habe eine Reihe von schön klingenden Worten für euch zusammengestellt wie:
Ein Nächster des Nächsten zu sein und nicht für etwas Unwichtiges das Wichtige übersehen.
Ich bin euer Jan

Channel 18

Ich bin heute hier, um euch mitzuteilen, dass ihr mit uns, der Hierarchie und den großen göttlichen Lichtenergien in Einheit seid.
Seht euch nie außerhalb, die Geistige Welt ist da wo ihr seid, nicht in irgendeiner bestimmten Höhe.
Passt mit uns die gute, liebevolle Art an und seht, wie viel einfacher die Lebensumstände werden.
Ich hatte sehr viele unschöne in die Leben gewoben durch die Ignoranz und Unwissenheit. Mit dieser Unwissenheit muss heute kein Mensch auf die Erleuchtung warten. Wir sind immer da, um die Ehrlichen, Suchenden zu unterstützen und fördern. Ich habe mit der Förderung von den lieben kleinen Menschenseelen eine Aufgabe, die mich mit Ehrfurcht und Freude erfüllt.
Gebt uns die Möglichkeit der neuen Ausgangsposition und die restlichen Dinge fügen sich von alleine.
Ich möchte nicht, dass ihr denkt, dass wir die Macht an uns reißen möchten, wir haben nur die größeren Möglichkeiten durch den Akt der Liebe und Freiheit, die wir einnehmen und bereitstellen für euch.

Ich bin ein kleiner Mensch gewesen und wuchs in die Höhen der göttlichen Einheit. Dies werdet ihr ebenfalls und seid euch gewiss, dass mit der Lehre von der göttlichen Vereinigung, der Hierarchie, ihr diese Schritte besser und einfacher gehen könnt als die anderen Suchenden, die sich in der Dunkelheit der Ver - Suchung schnell verirren können.

Ich habe mit der Lehre der großen Meister eine wunderbare Lektion auf den Weg bekommen. Ich soll mit der ganzen Lehraufgabe, die ich über sie erhielt, eine große Vereinigung der Liebe und Achtung eingehen, um die Essenz zu erfahren. Nicht die Worte der Lehre sind aufzunehmen, also nicht die Anzahl oder Ausdrucksweise, sondern das Wahre, was dahinter steckt. Ich glaube, ihr habt verstanden, was ich meine und wünsche euch bei der Entschlüsselung der Worte, die wir in bewusstem Einvernehmen übermitteln zu euch, eine schöne Erfahrung. Mit dieser Erfahrung geht ihr in die Reiche der großen Meister und führt ein wunderschönes Leben. Die Hierarchie unterstützt euch, indem sie euch eine große Auswahl von Themen zur Verfügung stellt. Mit diesem Material habt ihr die Möglichkeit, eine Lehre der großen Schule des Lebens zu erreichen. So ist der Zeitpunkt oder die Beendigung, die es nicht gibt, für eure Begriffe ein unendliches Unterfangen und eine Bereicherung für die ganze Region des Lernenden. Wenn ihr sehen könntet, was eine einzige Person ausmacht, die diesen Weg verfolgt.

Ihr habt nur die Sichtweise eines kleinen Kindes, das mit der Nase auf der Höhe eines Tischbeines ist.

Ihr habt nur die Wahrnehmung, die euch dazu bringt, das Nächste zu sehen oder hören. Wir umfassen die ganzen Planeten und können mit unserer Weitsicht die Geschehen einvernehmen.

So seid getrost, dass wir Mitverantwortung tragen,
wenn wir in die Wesen der Menschen einige Lehrsätze
einbringen. Wir haben nur die Lehre zur Verfügung, die
wir gelehrt wurden und wir sind in Gott gelandet. Einen
besseren Anhaltspunkt können wir euch nicht bieten.
Befreit euch von Angst und freut euch über jeden Augenblick des Lebens. Mit jedem Augenblick seid ihr in
die Ewigkeit gerückt und seid glücklich.
Hierarchie

Channel 19

Ich möchte euch mitteilen, wie groß ihr seid, wenn ihr
euch groß fühlt. So fühlt euch groß, mitfühlend und
liebend. Wie ihr seht, ist es einfach, in eine andere
Ebene der Gefühle zu springen.
Erlaubt euch diese Sprünge und bewegt euch in der
Welt der Magie. Sie erlaubt die Wahrnehmung von der
anderen Seite, die der Leichtigkeit. Ich habe eine große
Magie, in der bewege ich mich wie eine Puppe, die mit
Luft gefüllt ist. Diese Luft erlaubt mir, mit dieser Kraft
das Glas zu heben ohne Anstrengung. So erlaubt euch
dasselbe und feiert die Freiheit, mit der ihr die An-
strengung auflöst. Ich möchte mit euch ein paar Übun-
gen vornehmen.
Atmet einmal in die Lunge und haltet sie da gefangen.
Wie fühlt sich das an? Ich möchte die andere Variante
vorschlagen:
Atmet tief ein und verbreitet die Gase in die Körperteile.
Arbeitet euch systematisch an die Organe und verteilt
die Atemluft an das kleinste Gefäß. Dieser Austausch

erlaubt die Versorgung und hinterlässt wunderbar gesättigte Organe.

Quält die Körper nicht, indem ihr die Sauerstoffzufuhr unterbindet. Die Atmung funktioniert aus dieser Sicht mit einer Präzision, die ihr euch nicht vorstellen könnt Habt einmal mit euch ein bisschen Mitleid, wenn ihr die Körper belastet. Sie können nur begrenzt tätig sein. Kein Tier würde man in diese schikanöse Lebenshaltung verweisen. Aber den menschlichen Körpern überlässt ihr die größten Strapazen, indem sie gefordert werden durch falsche Nahrung, übermäßige Sportarten und zu viele Aufregungen, die sie irgendwann nicht mehr verarbeiten können.

So arbeitet in Ruhe und Gelassenheit. Die Zeit ist besser genutzt, als wenn zu der Hektik noch viele Fehler dazukommen, die dann wieder verbessert werden müssen. Ich möchte euch sagen, dass ihr mit der Ruhe weiter kommt und die Ruhe als Generator einsetzen könnt. Bekräftigt ihn, indem ihr die Ruhe wählt, um die Sorgen und die Nöte zu lindern. Ich freue mich, diese Zeit mit euch verbringen zu dürfen, sie bringt viel Schönes und Wahres zum Vorschein. Mit der neuen Zeit habt ihr die Möglichkeit des Wachstums und der Freiheit, die euch zusteht zu nehmen.

Ihr seid freie Geschöpfe und habt das Recht, die Dinge zu tun, die euch Freude bereiten, nur nicht zum Schaden eures Nächsten. Diese Verschuldung bereitet wieder neue Schulden, die in irgendeiner Form auf den Tätigen zurückkommen wird.

Mit diesen Worten möchte ich mich verabschieden und freue mich auf ein nächstes Mal, mit euch die Dinge zu bearbeiten. Sie sind wahre Schätze und sollen dementsprechend geehrt werden.

Mit Licht und Liebe

Channel 20

Ich möchte euch mitteilen, dass ihr mit der Idee eines
Kindes, das mit sich und der Welt zufrieden ist, einhergehen sollt. Ihr habt so viele Reichtümer in euch, dass
ihr mit Gewissheit die anzapfen dürft. Sie liegen auf der
Straße und sollten nur noch entdeckt werden.
Habt Vertrauen in euch und gebt die schönen Jugend-
träume nicht auf. Ihr habt die Träume nicht umsonst
geträumt, sie sind Teile von euch, mit denen ihr eine
Vielzahl von anstehenden Aufgaben auf eine andere Art
lösen könnt.
Gebt euch nicht der Verwirrung hin, sie erfordert nur
eine Menge von Kraft und Ausdauer, die ihr nicht einsetzen müsst für eine gesunde Einstellung.
Passt auf euer Gedankengut auf und seid mit aller
Wachheit aufmerksam, wie die Dinge sich anbieten. Auf
der Straße der Möglichkeiten gibt es viele Verirrungen.
Sie zeugen nicht von hohem Gut, gebt Acht.
Ich möchte euch eine Geschichte erzählen: Sie handelt
von einem guten und einem schlechten Menschen. Sie
trafen sich für eine Wette und stellten folgende Regeln
auf:
Keiner darf dem anderen eine Frage stellen. Nur die Tat
zählt und ist die Richtlinie für den Gewinn. So verabre-
deten sie sich auf den nächsten Tag und wollten die
ersten der Menschen sein, die mit der Sonne aufstan-
den.
Wie der Tag so anbrach, erschien der eine mit der Aus-

rede von, eingeschlafen zu sein. Er erzählte dem anderen des Langen und Breiten, dass er nun bereit sei.
Die Herausforderung hieß, anwesend zu sein für eine wichtige Angelegenheit, die alle Sinne erfordert. Der eine war auf der Stelle, als es losgehen sollte und der andere erfand immer neue Ausreden, um die Situation anzunehmen, wie sie war, von ihm verursacht. So waren beide zur Stelle, jedoch nur auf eine andere Art und Weise.
Wie ihr seht, gibt es zwei Wege, die Angelegenheiten in die Hände zu nehmen.
So nehmt sie in die richtigen Hände und lasst die Spielerei mit der Ausrede von irgendeinem Grund.
Du und du, ihr habt viele Gründe zu sein, jedoch keinen, zu kneifen. Die Dinge entstehen durch eure Eingebung und nicht durch einen Zufall, den ihr jetzt soeben erlebt.
Habt nie das Gefühl von einer zufälligen Situation - die gibt es nicht. Nur herbeigeführte Situationen können erschaffen und ausgedacht sein, nicht die Situation der Ausgangslage. Sie würde nämlich bedeuten, dass die Verursachung nicht stattgefunden hat. Die hat aber stattgefunden, sobald ihr mit einer Situation Erfahrungen machen sollt.
Ich möchte mit dieser Anregung aufmerksam machen. Die Dinge, die ihr erfindet und für euch zurechtlegt, haben nicht die Werte von der Richtigkeit. Sie beruhen auf der Ausrede, die ihr nicht mehr braucht, sobald ihr das Rad der Richtigkeit erfahren habt und mit der Aufrichtigkeit der Liebe und Einheit lebt.
Gebt euch nicht selbst die Aufgabe der Lüge und Unaufrichtigkeit. Sie erfindet wieder Neues und fordert die Menschen in neue Unwahrheiten. Sie verflechten euch und sind wie Spinnen, die euch umgarnen und einwi-

ckeln.
Habt Vertrauen in eure Sinne, die euch nicht täuschen,
wenn ihr nicht wegschaut und ignoriert.
Habt Vertrauen in euch selbst, die Wahrheit liegt in
euch selbst.
Seid in Licht und Liebe gegrüßt.
Hierarchie

Channel 21

Liebste Kinder des Lichtes,
Ich habe euch gesagt, dass ihr mit der neuen Zeit eine
Wende erwarten müsst.
Arbeitet an euch, dass der Regen, der nun die Lande
trifft, nicht den Menschen ermüdet, der mit der Heraus-
forderung des Lebens ringt.
Ich habe mit der Großen Weißen Bruderschaft das
Stärkste, was ich in dieser Zeit erhalten kann. Sie in-
formieren die Wollenden, die nächste Zeit in Licht und
Liebe zu erleben.
Achtet auf die Gesundheit, sie ist in größerem Masse
gefährdet und leidet mit. Du hast mit deiner Liebe und
Achtung die größte Chance, die Menschen zu heilen.
Sie bedürfen nun der Liebe und Achtung. Sie haben
sonst keine Anhaltspunkte mehr, wie sie mit all den
Situationen umgehen sollen. Ich freue mich, dir den
Halt und die Kraft der Liebe und Achtung zu geben. Wir
hatten schon so viele Krisen und Wirren erlebt, wie das
Leben, in dem ich dich mit der Liebe der Einheimischen
heilen ließ. Erwarte nicht von mir, dass ich dich heile,

um dann unterzugehen. Wir haben noch sehr viel vor. Wir haben die ganzen Anstrengungen nicht ohne einander gemeistert. Wir haben jedes Anliegen und liebevolle Bitten deinerseits erhört. Mit neuen Aspekten sollst du und deine Lieben auf die neue Zeit eingehen und die Kraft unserer Hilfe spüren. Ich habe mit dir schon geübt und die Hinweise gegeben, die notwendig sind, um aus den misslichen Situationen eine gute Lösung zu finden. Wir geben uns die Mühe, die ihr euch machen solltet, das Beste aus jeder Situation zu machen.

Ich erfreue euch mit den kleinen Dingen und ihr erwartet Große. Die großen erfordern große Einsätze und erwarten die volle Aufmerksamkeit. Die Kleinen erwarten die kleinen und einfachen Anforderungen. Wir können nur das liefern, was der Mensch jeweils erbringt. Die Geistige Welt erwartet den vollen Einsatz und kann nicht mit der unausgeschlafenen Menschenmenge arbeiten. Sie verpflichten sich zu Höherem und erfordert viel Liebe, Achtung und die Anerkennung. Ich habe mit viel Anerkennung und Liebe die Hierarchie erreicht. Sie ist die Instanz, die mit der Kraft und Liebe zu Gott alles erarbeitet, sowie führt. Ich habe mit der geistigen Herrschaft die Liebe und Achtung erlernt und leben gelernt. Sie haben mich wie ein kleines Kind an die Hand genommen, um die Liebe und Achtung zu erfahren. Ich habe vieles mit der Liebe ausgebessert und überlebt. Die Dinge sind oft verworren und wir erkennen mit der Weisheit eines Gelehrten, wie die Lösung aussieht. Wie könnt ihr in der Materie diese Weitsicht haben? Es geht nicht um Wollen, die Sicht ist verdeckt durch viele einhüllende Nebel. Die Materie ist verfestigt und lässt nicht genügend Licht hindurch. Deshalb ist es wichtig, dass ihr mit der geistigen Herrschaft ein

Bündnis eingeht und die Menschheit mit ihren Sorgen und Nöten die Hilfe bekommen, die sie brauchen.
Ich bin in Licht und Liebe
Dein Jan

Channel 22

Hallo liebe Kinder des Lichtes,
ich möchte die Idee von der guten alten Zeit einmal bereinigen.
Ihr habt viele gute alte Zeiten erlebt in euren Inkarnationen, jedoch keine, die mit der jetzigen konkurrieren kann. Nichts kann dem gleichgesetzt werden, was jetzt auf euch zukommen wird. Ihr werdet mit der nächsten Idee von einer guten alten Zeit nicht mehr einverstanden sein.
Das Universum befindet sich in einem Umbruch und das heißt, dass ihr mit der Zeit die neuen Gesetze annehmt. Sie beinhalten die Aufforderung von einem wachen Geist und einer wahren Seele. Sie formt euch zu einer weißen Masse, die mit der Einheit Gottes einhergeht. Ich möchte euch sagen, dass ihr nicht die Arbeit oder die Mitmenschen davon ausschließen könnt. Es gibt keine Arbeit ohne die anderen und keine Mitmenschen, die nicht mit dem anderen zusammenhängen.
Ich möchte euch klarmachen, dass die Idee mit der guten alten Zeit das System erdrückt und ihr mit der neuen Zeit einhergehen sollt.
Nicht das Alte zählt, sondern die neuen, spritzigen Ideen werden das Fass der Neuzeit überlaufen lassen, um die guten, schönen neuen Zyklen auferstehen zu

lassen.

Wir haben viele schöne, neue, überarbeitete Zeremonien bereit für euch und hoffen, dass sie mit Liebe angenommen werden. Wir erwarten von euch eine eheähnliche Vereinigung, die mit einer großen Einheit einhergeht.

Nicht Einzelwege zählen auf diesem Weg, sondern die Vereinigung von der Einfachheit und der Liebe.

Ich möchte euch ein Beispiel geben:

Wir äußern uns, wenn die Situation es erfordert und nicht, wenn der Nächste die Sache in seiner Verantwortung hat. Wir mischen uns nicht in die Angelegenheiten des anderen, obwohl dies erlaubt wäre. Wir haben die Verantwortung von den Angelegenheiten, die uns in die Hände gelegt wurden, zu tragen. Wir befürchten keine Konkurrenz, die besser oder stärker ist.

Ich habe eine große Bitte an euch:

Tragt mit der Fassung eines Kriegers die Niederlagen. Sie befördern euch nur weiter und höher. Ich sage euch, die Fallenden sind am Schluss die Erhöhten, die durch die Länder der Besiegten wandeln. Sie finden keine Ruhestätte, in die sie sich fallen lassen können.

Wir haben die Anliegen zu behandeln, die uns aufgetragen werden und nicht die, die andere erledigen sollen. Sie werden sonst träge und verlassen sich auf die anderen. Ich habe eine gute Idee, wie ihr die Aufträge des anderen anerkennt.

Die halten die Geheimnisse bereit, die nur für denjenigen bestimmt sind.

So seid denn in Licht und Liebe gegrüßt.

Hierarchie

Channel 23

Ich möchte mit euch ein Experiment machen.

Arbeitet einmal ohne die Auseinandersetzung der Gedanken. Sie stören euch nur und verhindern ein anpassen an die Umstände. Verhindert damit die unkontrollierte Einflussnahme, die euch mit der Angst vertraut macht und somit angriffsfähig macht.

Ich überzeuge euch mit der Liebe und befreie euch von der Angriffsmacht Angst. Sie soll euch nicht das Leben schwer machen und die anderen Eigenschaften ausschalten. Ich möchte mit euch eine vertraute Ebene erschaffen und viel Spielraum lassen für die Einfachheit des Lebens. Es ist sehr einfach, wenn die Bedingungen geschaffen werden.

Nehmt für den Zeitraum der Arbeit, die ihr ausführt, eine starke Bindung zu einem eurer Meister auf und habt in dieser Zeit eine Ebene der Ver-liebt-heit in euch. Die Energie hat sehr viel Kraft und ihr braucht nicht das Vorhandensein einer menschlichen Verliebtheit, die nicht immer gleich zur Stelle ist. Die Liebe und Verehrung zu einem Meister ermöglicht euch die Rückkehr in die Energie der Heimat, der grenzenlosen Fülle und Ehre.

Mit diesen Anteilen habt ihr für die Zeit der Arbeit die beste Begleitung und fördert die Liebe auf dem Planeten.

Mit jedem Licht von eurer Seite arbeitet ihr für die Vollendung unserer Aufgabe, die Schönheit und Reichhaltigkeit des Planeten zu erhalten. Ich möchte mit der Aufgabe die anderen aufnahmefähigen Menschen aktivieren und sie für die Sache inspirieren.

Baut auf eure Anpassung und die Intelligenz, die euch

schlussendlich ermächtigt, das Spiel der aufbauenden Kräfte mitzuspielen.

Ich freue mich über jeden von euch und verbinde mich gerne mit der Kraft der Liebe und Achtung.

Nun verabschiede ich mich von euch und bin euer Jan

Channel 24

Liebste Kinder des Lichtes,
ihr habt mit dieser Welt eine Erfahrung, die mit nichts zu vergleichen ist. Ich habe mit euch eine rege Zeit, die wir nutzen sollten und nicht über Nichtigkeiten die Zeit verlieren und das Wichtige vergessen.

Ich bin da, um Ungerechtigkeiten zu bearbeiten und möchte nicht, dass ihr die Schuld in der Existenz von der Geistigen Welt sucht. Ihr habt alles selbst verursacht und damit verantwortlich wie auch ein gesunder Mensch für die Gesundheit verantwortlich ist.

Nun werdet ihr sagen, dass die Gesundheit eines Menschen eine Anlage ist.

Bestreitet nicht, dass die Gesundheit eine Folge von der Unverantwortlichkeit desjenigen ist. Keine Weltmacht erreicht die Zellen eines Körpers so, wie die eigene Person. Nur die nukleare Waffe trifft die Zellen eines Menschen bis zum Tod. Die anderen Tode fügt sich der Mensch freiwillig zu.

Ich kann nicht sagen, dass mich das freut. Die Dinge, die da verursacht werden, enttäuschen und verletzen die Menschen selbst wie uns, die Helfer und Betreuer. Sie erhalten die Negativität auf dem Planeten und erfordern viel Arbeit, um die Reinigung zu aktivieren.

Ich möchte euch zeigen, was passiert, wenn die Reinigung einsetzen muss, um die Atmosphäre zu reinigen. Es gibt die verschiedenen Zentren, die mit der geistigen Welt in Verbindung stehen und das Reinigen in Gang setzen. Mit der Ausdünstung von verschiedenen Stoffen erreichen wir eine klare Atmosphäre, die wiederum eine erstaunliche Vereinigung erzeugt. Das sind die Vulkane und die Erdbeben, die mit einer gewaltigen Reinigung eingesetzt werden, um die schlimmsten Gase der Menschheit, die sie verursachen, zu eliminieren.

Ich habe keine andere Erklärung, um euch zu wecken für die neue Zeit, die mit dieser Reinigungsart noch öfter einschreiten wird. Was denkt ihr denn, was ihr verursacht, wenn ihr nicht in Friede und Einheit mit euch und dem Nächsten lebt?

Ihr habt so viele Gase in der Luft, um euch in der menschlichen Hülle zu erhalten und ihr entleert die eigenen Gase in negativer Form dazu, dass die Hülle der Atmung nicht mehr zuträglich ist.

Wandert wie ein Kind ohne eine schlechte Absicht und freut euch über die guten Eingebungen, die euch in die Welt der fliegenden Vögel versetzt.

Freut euch über alles, was euch die Welt anbietet an Positivem. Wir haben die Flügel bereit für euch und begleiten die, die möchten. Eine kleine Eingebung ist besser als die Eingebung nicht zu beachten, weil sie zu klein ist.

So möchte ich mit dieser Anregung beenden und freue mich auf ein nächstes Mal.

In Licht und Liebe euer Jan

Channel 25

Liebes Kind,
ich möchte dir sagen, dass du mit der Krankheit wie
mit der neuen Zeit umgehen sollst. Sie ist für viele ein
Neues und Gewaltiges. Verspreche dir, dass du mit
dieser Zeit eine Reise machst, um die Dinge hinter den
Kulissen zu erfahren.
Begleite die Menschen, um die Reise nur mit der Gemeinschaft anzutreten.
Bereite dich vor, indem du die Reise vorbereitest und
nicht mit den Unannehmlichkeiten, auf die du stößt,
einbrichst.
Halte dich von den negativen Endpredigern fern und
bearbeite die Dinge in der Absicht, dass sie fruchtbaren Boden finden. Mit der anderen, der uneinsichtigen
Gruppe Menschen erfährt ihr die trotzige Variante, die
nicht zu einem gewaltlosen Einheitsdenken führt.
So seid mit der neuen Situation in dem Sinne zufrieden,
als dass die Neuzeit die Veränderungen bringt, die ihr
schon so lange vermisst und die ihr nun verdient habt.
So freut euch, dass die Zeit eine reiche sein wird, die
mit einer Fülle der Liebe und Freundschaft einhergeht.
So seid in der Fülle und in der Liebe.
Hierarchie

Channel 26

Hallo liebe Kinder des Lichtes,
ich freue mich, die Sternenkinder begrüßen zu dürfen.
Wir haben hier viele Sternenkinder, die mit euch fiebern

und hoffen, dass ihr die Prüfungen besteht und sie nicht abweist. Ihr habt viele Möglichkeiten, sie zu erfahren. Jeden Tag erfährt ihr die Ignoranz und freiheitsraubende Einstellung vieler Menschen. Ihr habt sie mit einer scheinbaren Gleichgültigkeit zu ertragen und fordert die Ungerechtigkeit somit heraus.

Habt Mut, Dinge zu sagen, die die Ungerechtigkeit angehen. Sie fordern euch heraus und fördern die Angegriffenen zusätzlich zu mehr Auf-Richtigkeit. Die Aufrichtigkeit ist wichtig, um eine Angelegenheit zu klären. Sie hat folgende Auswirkungen auf die Beteiligten.

Wie schon erwähnt, erfährt die betreffende Person eine gestärkte Aufrichtigkeit und hat die Aufgabe, dieser anderen Person die Tat, die sie verursacht hat, vor Augen zu führen.

Mit solchen Übungen gelangt ihr für die Zukunft auf die Geradlinigkeit, die erforderlich ist, um eine anständige, ehrenwerte Mission auf diesem Planeten zu erfüllen.

Wir haben viele dieser unangenehmen Aufgaben zu erfüllen, die die Menschheit weiter zu der Erfüllung ihrer ausgesuchten Lebenswerke führt. Mit diesen Aufgaben erhaltet ihr die Chance, das wahr zu machen, was ihr wünschtet damals in der Entstehung von der Lebensgeschichte.

Ich freue mich, die Wünsche zu erfüllen und hoffe auf gute Zusammenarbeit, die auf Gegenseitigkeit beruht.

Mit einer guten Verbindung, der ihr zustimmen müsst, in geistiger Weise natürlich, habt ihr die volle Unterstützung von uns und befreit euch von dem Gedanken, dass ihr alleine dasteht mit den Aufgaben.

Ihr habt viele Hilfen, die in die Geschehen eurer Welt eingreifen dürfen und dies auch gerne für die Einzelnen übernehmen.

Nur die Autorität für die Aufgaben müsst ihr uns über-

lassen, indem ihr mit der aufnehmenden Eingebung arbeitet und die Hilfe annehmt, die euch angeboten wird.
Ich bin euer Jan

Channel 27

Liebste Kinder des Lichtes,
befreit euch von den Sorgen der anderen. Sie ge - hören ihnen, mit all den Umständen. Sie heißen euch herzlich willkommen und feuern euch an, die Dinge anzupacken, die für den Einzelnen bereitliegen. Wir sind bei euch und helfen euch mit Rat und Tat. Zu der einzelnen Aufgabe gehören oft viele Menschen die involviert sind und dazu beitragen, um aus der Sache eine gute, erledigte Ansicht zu modellieren.
Wir haben die Möglichkeit, die Dinge, die euch bedrücken, zu intensivieren, um die
wahren Gründe zu zeigen. Ihr habt eine Sicht davon und ihr denkt, dass die die einzig Richtige ist.
Ihr habt eine Wahrnehmung von 5 % und die reicht gerade mal, das Einmaleins zu erfassen. So habt eine Möglichkeit der Wahrnehmungserweiterung, indem ihr mit der richtigen Ansicht die Dinge auf - klärt, um sie zu sezieren.
Bereitet euch wie auf eine Operation vor, indem ihr die Sorgen ablädt, die euch noch belasten und geht auf eine Reise, von der ihr nicht mehr rück-kehrt. Die heißt dann für euch Abschied zu nehmen und das Aufgebaute zurück zu lassen mit allem, was ihr liebt. Befreit euch davon und entledigt euch von euren Lasten, die nur

einengen und bedrücken. Mit viel Last erhaltet ihr nur viel Unrast und Unruhe. Die Last der Liebe befreit euch von allem und macht aus euch freie Menschen, die mit der letzten Reise unbelastet von der Erde Abschied nehmen können.

Ich freue mich, wenn ihr das verstanden habt und möchte, dass ihr mit der Arbeit an der Freude beginnt, um ganz schnell die Fähigkeit des Überfliegens eines Problems zu praktizieren. Wir haben die guten Fluglehrer an den Seiten von euch und sind glücklich, wenn wieder neue Schüler teilnehmen, um die Flugstunden absolvieren zu können. Wir möchten die Schüler in gute Hände begleiten, um dies zu vollbringen, was auf der Absichtsliste steht für einen jeden von euch.

Ihr habt nicht die Jahrhunderte Zeit wie vorher, die Zeit ist anders und ihr sollt die Zeit nutzen für unendlich viele Angelegenheiten. Sie lachen euch an, so nehmt sie an und freut euch über die neuen Aufforderungen, die euch auf eine Reise der guten Absichten bringen.

Ich habe eine große Aufforderung an euch:

Lebt, lebt, lebt

Euer Jan

Channel 28

Ich danke euch für euer Interesse und führe euch heute in die Kunst des Liebens ein.

Mit diesem Energiepaket habt ihr es in vielen Momenten zu tun und fördert die Aufnahmefähigkeit, die notwendig ist, um die Kraft dieses elektrischen Stromes auszuhalten.

Wir möchten, dass ihr mit diesem heiligen Strom eine Einheit eingeht und nicht das Negative der Welt und die unwesentlichen Dinge aufrechterhält.

Ihr habt so viele schöne Aufgaben, die mit Liebe getan werden sollen, wie zum Beispiel eine aufgehende Sonne zu betrachten um sie in die Zellen des Körpers aufzunehmen und zu speichern. Ich freue mich, wenn ihr die Zentren eurer Körper erfüllt und erwärmt. Sie speichern wie eine Vorratskammer die Lichtelektronen und feuern die Heizung der Körper an. Mit dieser Vorrichtung erfüllt die Liebe dasselbe wie die Sonne. Sie erfüllt dieselben Aufgaben und sondert die Menge ab, die erforderlich ist, um die Körper zu heizen. Ihr denkt, dass ihr teure Aufbaupräparate braucht um einen Körper gesund zu halten.

Ihr braucht nur Liebe - die ihr mit allem und jedem einbringen könnt.

Ich habe die Aufgabe, euch mit der Liebe vertraut zu machen. Sie ist nicht nur eine Quelle, die unaufhörlich sprudelt, sie ist auch eine Energieaufladung, wie bei Verliebten zu sehen ist.

Ich habe mit der Aufgabe, die Liebe zu zeigen, eine schöne Mission erhalten, die ich gerne weiterleite und aufzeige. Die Liebe versteckt die bösen Unarten, die ansonsten die Umwelt zu Grunde richten würden und sie verenden lässt. Mit dieser Art des Lebens erhält ihr euren Lebensraum und achtet das Leben selbst.

Ich habe den Auftrag, den Dingen die Liebe zu erteilen, die nie beachtet werden wie zum Beispiel die armen, ausgesetzten Tiere, die in irgend einem Heim ankommen, um die Tage zu ertragen.

Mit wie viel Aufmerksamkeit hat die Menschheit aus einem Paradies die Hölle der Tiere gemacht und findet dies in Ordnung.

Ich habe die Ordnung, in der ich lebe, in eine Oase des Glücks verwandelt. Dies steht jedermann offen und kostet die Kraft einer Ameise, die ruht.

So schaut euch die Umwelt an und entscheidet, wie ihr diese Missstände verbessern könnt.

Es ist die Sache wert und verliert die Ängste. Lasst sie fliegen und erfährt die Freiheit durch das Tun der Dinge, die geliebt werden wollen.

In Licht und Liebe euer Jan

Channel 29

Ich bin euer Führer und beginne mit der einfachen Lektion, die führt. Sie führt euch in die Reiche der Unterwelt, die mit aller Kraft das Land an sich reißen will.

Ich will euch ein Beispiel geben:

Ihr habt eine Welt, in der die Liebe erkannt und anerkannt wird. Ihr habt die mit der Kraft eurer eigenen Hände aufgebaut und betreut die erschaffene Welt. Ob sie nun gut sei oder schlecht, ihr habt die Aufgabe der Erstellung und der Fertigung eines Planes, der euch die Möglichkeit von Wachstum bietet. Habt mit eurer einzelnen Ausrichtung auf eine bestimmte Angelegenheit nicht das Gefühl, die nur für euch alleine zu erstellen.

Ihr habt die Dinge, die ihr anfängt, zu Ende zu bringen, ansonsten habt ihr die wichtigsten Lektionen verpasst. Die heißen, dass die Dinge mit der anfänglichen Anstrengung wie mit der letzten einhergehen sollen. Nicht die Dinge, die ihr beginnt sind wichtig, sondern die, die ihr beendet. Sie zeigen euch, wie ihr mit der Annahme und der Abgabe umgehen sollt. Ihr habt mit der Annahme eine Verantwortung übernommen, um sie zu erhalten in dieser Form habt ihr zwei Möglichkeiten, die erste lautet:

Nehmt die Herausforderung an und gebt die ganze Kraft der Liebe hinein.

Die zweite lautet:

Mit der angefangenen Aufforderung ein Dual zu bilden und dieses Gebilde in sich zu vereinen. So erhält ihr die Substanz, die mit der Einfachheit und Geliebt-heit eins sind.

Bearbeitet die verschiedenen Aufforderungen alle gleich, mit der Kraft und Ausdauer eines Bärs, der auf Jagd geht. Die verschiedenen Aspekte erfüllen den Anspruch, der gestellt ist. Du hast mit der Einheit der geforderten Aufgaben eine Gabe erhalten, die weit mehr ist als eine Herausforderung, die erfüllt wurde. Mit eurer Kraft der Intelligenz und Liebe erhält ihr die Gabe der Unverletzlichkeit, die ihr braucht, um mit der Welt, dieser luftumgebenden Kugel, zu kooperieren.

Achtet auf die feine Arbeit, die nicht immer die einfachste ist. Schwere Arbeit ist schwer in dem Sinne, dass sie die Kraft des Körpers fordert. Ihr habt die schweren und die leichten Arbeiter, sie verrichten jedoch genauso viel. Wie habt ihr euch die leichte Arbeit vorgestellt? Dass sie wie von selbst entsteht? Ich habe euch einen Vergleich, wie die Arbeiten aussehen.

Sie unterscheiden sich nur in der Essenz von der Zusammensetzung. Sie haben beide die Grundlage der unerledigten Form. Sie enthalten beide die Forderung, getätigt zu werden. Ich möchte es so sagen:

Die eine Arbeit erfüllt die Kraft, die dahinter steckt und die andere die Ausbeute der Kraft. Nicht mit jedem

Kraftanteil ist die gleiche Aufgabe zu lösen. Sie fordern
verschiedene Aufwände, wie Liebe, Energie, Zeit, Güte
und so weiter.
Ich habe mit der Lektion die Menschen erwachen lassen wollen, wie wichtig es ist, die Kraft, die richtige
Kraft einzusetzen in die vorgegebene Aufgabe. Mit dieser Kraft der Liebe verabschiede ich mich von euch.
In Licht und Liebe euer Jan

Channel 30

In Licht und Liebe, ich grüße euch und freue mich, die
ganze Menschheit ansprechen zu dürfen. Ich freue
mich, die ganze Welt mit einbauen zu dürfen und habe
viele schöne Aufgaben für euch bereit.
Betrachte die Natur mit ihren schönen Ereignissen und
erfreue dich darüber. Sie sprießt und gedeiht ohne eine
spezielle Anstrengung, es ist einfach in ihrer Natur,
dass sie gedeiht.
Mit wie viel Liebe und Geduld hat die Schöpfung dies
alles erreicht und hält für nichts die Hand auf. Es ist
selbstverständlich, dass der Segen dieser Blumen für
alle anstelle von Gott steht.
Er steht und ist überall und ihr seht ihn nicht.
Befreit euch von dem Gedanken, dass ihr mit der Natur
nichts zu tun habt. Ihr seid ein Teil von ihr und erhält
von ihr die neue Kraft für dieses Leben.
Geht in die Natur und befreit euch von der Last und
den Nöten, die euch plagen.
Arbeitet euch an die verschiedenen Aufgaben und be-

reitet die Tafel des Erfolges vor, wie wenn es schon geschehen ist.

Nehmt euch die Hände und feiert die Erfolge, sie erfreuen euch. Indem ihr die Erfolge mit Achtung und Ehre erfährt, ist die Anfangssituation, in der ihr verharrtet eingetreten und gewinnt Energie. Die braucht ihr, um zu erreichen, was ihr erreichen wollt.

Begebt euch in die Gewahrtheit von dieser einzelnen Mitteilung und erfrischt euch an dieser. Wie ihr auch wandelt, helft, indem ihr mit der Kreatur einhergeht und sie achtet in ihrer Darstellung.

Achtet die kleinen Winzlinge genauso wie das Große. Heute ist die Frage nicht, wie begegne ich dem anderen Geschöpf, sondern was finde ich bei ihm und werte dies für mich. Es ist kleiner als ich und wie kann es dann überleben und frei leben? Wie kann es in dieser Welt existieren und fällt nicht aus der Nahrungskette? Die Frage stellt sich ein Tier nicht und lebt das Leben. Die Menschen hinterfragen die falschen Dinge.

Sie fragen nach einer neuen Garderobe, obwohl die Mäntel und Hemden sich stapeln.

Sie fragen nach einer neuen Garteneinrichtung, die alte ist nicht mehr in Mode.

So fragen sie nach Dingen, die mit der Lebensunterhaltung nicht viel zu tun haben. Sie fragen die Fragen, die nur zu einer neuen Unzufriedenheit führt und sie in diesem Gefühl ergreift.

Die Unzufriedenheit hat die unschöne Seite an sich, dass der Mensch nicht die Unreife spürt, die in diesem Moment einsetzt und die Atmosphäre verändert. Die passt sich dem Gefühlten an und verschlechtert sich wie eine Frucht, die zu lange liegt. Es tritt ein Gas aus, das mit der Luft zu einem schlechten Gemisch vereint. Die Atmung ist dementsprechend schlecht und riecht

unangenehm, da Fäulnis eintritt in der Frucht, in der Luft und in der eingeatmeten Lungenatmung.
Du hast viele mit der schlechten Atemluft in der Behandlung erlebt und gesehen, dass sie mit der Luft in sich nicht einhergehen konnten. So hast du sie davon freigemacht und sie konnten den Atem wieder ertragen. Sie wussten nicht, was du gemacht hast, sie dachten, dass du heilen kannst. In ihrer Hilflosigkeit erfuhren sie eine Heilung nur durch die Atmung, die wiederum eine Kette von dieser Befreiung auslöste, um die anderen Organe zu erreichen.
Du hast sie geheilt in ihnen selbst und so entsteht auch die Heilung der anderen Kreaturen.
Sie atmen richtig und frei sind sie.
Mit der Liebe ist es genauso, erreicht sie durch die Atmung und ihr werdet frei füreinander.
Hierarchie

Channel 31

Ich bin hier und möchte heute mit euch eine Lektion lernen, die mit der neuen Zeit zu tun hat. Ich möchte euch zeigen, wie ihr mit der Zeit des Lebens arbeiten könnt.
Habt keine Angst vor der neuen Art, sie fordert euch nur heraus, um mit den Mitmenschen eine Art Pakt zu bilden. Ihr habt so viel von der neuen Zeit gehört und wisst nicht, wie mit ihr umgehen.
Ich rate euch, bildet euch nichts ein auf eine spezielle Behandlung - im Gegenteil, ihr werdet gefordert, die Dinge zu erkennen und sie richtig zu deuten. Ich habe

keine neuen Anforderungen an euch, es sind die alten, fordert von euch viel und seid füreinander eine Hilfestellung. Die braucht es in der Zukunft, um die Lage der Veränderungen zu meistern.

Ich habe mit euch eine Reise in die große vertraute Ungewissheit vor.

Erntet vor allem die Früchte von den Unwilligen und feiert euer Verständnis.

Ich habe die Anliegen, die euch betreffen, in eine mitgebrachte Arbeitsmappe gelegt und will die mit der Zeit eröffnen und preisgeben. Mit dieser Arbeitsmappe ist es wie mit den mitgebrachten Unterlagen. Sie werden in die Hände von denjenigen gegeben, die mit der Ansicht nicht überfordert sind.

Ich habe eine Reihe von den Menschen, die mit der Angelegenheit umgehen können und wünsche mir in diesem Fall eine starke Gruppe. Sie betreut die anderen mit weniger Ausdauer und Erfahrung.

Ich vergleiche sie mit den Vorkämpfern der Jetztzeit, sie kennen keine Angst und versprühen die Ansichten, die sie für wahr erachten. Sie erhalten in vielen Nachtinformationen die Einsichten, um sie danach in die Winde zu streuen, um sie zu verteilen und in die Weltregionen zu senden, die mit dieser neuen Art des Denkens und Handelns nichts anfangen können. Sie haben erst die Idee in ihre Aura erhalten und fördern irgendwann die Tat zu Tage und freuen sich, wenn sie mit dieser neuen Gezieltheit weiter kommen, um zu sein.

Ich freue mich, euch begrüßen zu dürfen in einer dieser Gruppen und fördere euch gerne in dieser Richtung, die unweigerlich in kurzer Zeit vor euch steht.

Mit diesen Worten erfülle ich die Wünsche von vielen meiner Mitgeschwister, die mit euch mitdenken und

mithoffen.
Sie erhoffen sich wie ich die einhellige Ansicht und
freuen sich über die Kämpfer, die das Fass mit der
Hand anpacken und sich nicht scheuen, die unange-
nehmen Arbeiten zu erledigen.
Ich bin euer Jan

Channel 32

Meine Lieben, ich freue mich, die Stimme für euch zu
sein.
Ich befreie dich und dich von der Idee der inneren
Stimme. Es gibt sie wirklich. Es ist keine Einbildung
und beruht auf der inneren Eingebung, die mit der Seele gekoppelt ist. Mit dieser Koppelung ist eine angren-
zende Linie angesteckt, die mit der Seele in Kontakt
steht.
So habt ihr in euch das Potenzial, das ihr braucht, um
die Dinge in klarer Form zu erkennen. Sie sind oft nicht
so, wie ihr sie wahrnehmen möchtet.
Nehmt zum Beispiel die Runde, die nicht rund ist. Sie
ist in ihrer Zusammensetzung von vielen Ecken einge-
keilt. Erhaltet die Idee von der runden Eizelle, die niemals rund ist, da sie vibriert und lebt.
Es gibt keine Runde, die rund ist. Trotzdem habt ihr
das Gefühl, eine runde Existenz wahrzunehmen und
besteht darauf.
Mit diesem kleinen Experiment erfreue ich euch nicht,
da ihr die Meinung habt, das wahrgenommen zu haben.
Bedenkt, dass die Idee dementsprechend auch falsch
ist. Deshalb passt auf, wen oder was ihr für wahr ent-

scheidet, ihr habt die Wahl und seid für jede Entscheidung selbst verantwortlich.

Dies und viel mehr ist in euch und habt Sorge darum, dass es nicht in falsche Angelegenheiten er - gießt. Sie, die anderen mit derselben Idee, haben ein Auge darauf und füllen mit der nächsten Gelegenheit die Lücke, die sie für sich nutzen und erhaben darüber stehen.

Du hast mit der Idee eine neue Idee ausgelöst und feierst die erste, die anderen schon die zweite und dritte. Erfahre in dir die anderen mit der neuen Idee und sei die Erste, die mit der zweiten und dritten Idee auftrumpft.

Ihr habt alle die gleichen Anlagen in euch und konkurriert dementsprechend miteinander. Die Konkurrenz ist interessiert, das heißt, die ist wach für Neues und die Menschheit ist weniger an der Wahrheit interessiert als am Nutzen. Mit dieser kleinen Erfahrungslehre wollte ich euch klar machen, wie wichtig es ist, die Augen aufzuhalten, um nicht zu stürzen.

Ich bin in Licht und Liebe euer Jan

Channel 33

Ich danke dir für dein Erscheinen.

Du hast mit der Zeit, die dir zur Verfügung steht eine einzige Hymne an die Meister zu leisten.

Ehre sie und achte sie als die Begleiter, die mit euch das Einmaleins der Geistlehre üben.

Verbreite die gute Botschaft, dass ihr nicht alleine seid in eurer Geschichte, die wiederum Geschichte schreibt.

Habt keine Angst vor den Meistern - sie begleiten euch, um ein Bildnis mit euch anzufertigen.
Ihr habt noch vieles zu tun, um die andere Seite in der Ewigkeit erfahren zu dürfen. Ihr habt vor allem eine Zeit der Irre, in der ihr lebt.
Habt mit euch die Reinheit, die ihr bei Antritt eures Lebens erhalten habt in Ehrfurcht und Achtung.
Ich bitte euch, vergeudet nicht wertvolle Zeit, in der ihr mit der neuen fruchtbaren Energie eine wundervolle Einheit eingehen könnt.
Behaltet die Reinheit in aller Form und geht nicht die Wege der Unverbesserlichen, die mit der Lehre der geistigen Wissenschaft nichts anfangen können. Mit der Reinheit, die ihr in euren Herzen trägt, bekommt ihr so viel Gutes und Lichtes zurück, dass ihr mit der Menge noch so viel andere Menschen und Tiere, sowie das Naturreich beliefern könnt.
Die wichtige Frage ist die, ob ihr wollt. Die zweite Frage ist, ob ihr die Anforderungen erfüllen könnt. Mit der nächsten Herausforderung habt ihr schon zu kämpfen und wisst nicht weiter, weil ihr die Nächstenliebe nicht versteht. Die bedeutet, dass ihr die Nächsten in das Geschehen einbeziehen sollt, um zu lernen, wie die Welt erschaffen wurde, mit Händen der Gemeinschaft.
Ihr sollt lernen, dass die Welt mit den Händen der ganzen Menschheit erbaut wurde und nicht nur von den einzelnen, die sich in Szene setzen mit der Macht, die ihr ihnen verleiht und sie dafür noch verehrt. Sie betrügen in sehr vielen Fällen. Um an der Macht zu bleiben, erfinden sie Lügen. Die Menschen, die mit der Reinheit nicht einhergehen, verabscheuen die Menschen in ihrer Echtheit und fördern mit ihrer Unart die Disharmonie. Sie erfüllen ein leeres Leben mit viel Leid für sich selbst wie für andere. Mit ihrer Macht vereinbaren sie

die Verträge mit der anderen Welt, die so oft das Leid
verursacht.

Ich möchte, dass ihr versteht, dass mit der Ausübung
von der Macht, die missbraucht wird, ein ganzes Volk
mit leidet und sie nicht fähig sind, die Missstände zu
eliminieren. Ich möchte euch sagen, dass ihr nicht mit
der schönen Gestalt einverstanden sein müsst.

Um die Geschicke der Erde zu leiten braucht es Wissen
und Weisheit, die voneinander abhängig sind, da sie
mit der Erde gekoppelt sind als ein Wesen. Die Erde ist
kein einzelnes Geschöpf - es korrespondiert mit jedem
Stern und jeder kleinsten Geysir, die wiederum eine
Reihe von elektrischen Wellen aussenden, um die Informationen über die Welt und das Universum zu verteilen. Es entsteht eine gekoppelte Verbindung, die
wiederum an die Menschen, Tiere und Natur gelangt.

Ich freue mich, wenn die Menschheit die Idee von der
alleinigen Erstellung eines Planeten ablehnt, um weiterhin die Nächsten mit einzubeziehen.

Ich bin euer Jan in Licht und Liebe.

Channel 34

Mit diesem Schreiben möchte ich dir mein liebes Kind
die Urteile, die von Menschen angeregt sind, auf-
schlüsseln. Sie kommen aus der Niedertracht anderer,
die sie das gelehrt haben.

Mit den Worten sind Menschen weniger vorsichtig als
mit Messern.

Sie meinen, Holz schneide nicht, doch die Worte
schneiden Kerben, die mit guten Worten nicht mehr zu

löschen sind. So erinnert euch an die guten Worte, sowie an das volle Glas, aus dem ihr trinkt. Es gibt keine schlimmeren Denkweisen als die negativen, die ihr produziert. Ihr habt mit der negativen Produktion die Verantwortung zu tragen, wie weit die Anregung auch reichen mag. Sie ist in der Form, wie sie vorgetragen wurde in die Galaxie gedacht oder gesprochen.

Ich möchte euch die Unterschiede zu den positiven Gedanken erläutern und freut euch, die positiven wirken schon in der Idee. Zu den positiven gesellt sich, wie auch zu den positiven Worten, eine Vielzahl von Eigenschaften, die euch mit der geistigen Welt verbindet. Wie zum Beispiel die einzelnen Gefühlsauswirkungen von Glück und Freude, die mit der Gesundheit einhergehen.

Ich freue mich, die verschiedenen Auswirkungen in euch zu sehen und ermuntere euch zu mehr Einsatz. Dieser wiederum erweitert euch in der spirituellen Arbeit, die lebenswichtig sein wird, um diese Phase der Evolution zu überleben.

Ihr habt mit der Freude, diesem glanzvollen Element die Möglichkeit, das Essentielle aus der Nahrung wie aus der Luft zu erlösen. Sie bestehen für euch, diese Elemente. Sie sind zu nutzen und nicht in der Ignoranz zu ersticken.

Befreit die Freude, gebt ihr die Möglichkeit, zu er-füllen, wie das der Bruder von euch vorlebte. Er wusste, dass mit der Freude die Nebensächlichkeiten vernebeln und nicht die Stellungen einnehmen, die sie nicht innehaben. Zu guter Letzt ist die Freude die aktive Sterbevorsorge, die geleistet werden kann.

Ihr bereitet euch auf die Reise vor und den Tod. Die weltliche Hülle lässt ihr außer Acht. Sie bedeutet die Reise zu planen und hinterfragen, wie ihr sie am besten

erarbeitet. Mit der ganzen Energie, die ihr zur Verfügung habt, arbeitet ihr dagegen. Ich habe euch eine
neue Idee wie ihr die verschiedenen anderen Vorberei-
tungen auf Eis legen könnt.
Nehmt die Tonne, die für Abfall gedacht ist und geht
mit jedem einzelnen Teil zu ihr hin.
Befreit euch von dieser Ansammlung und seid wahre
Auf-räumer, die nicht Angst vor Verlust haben. Dieses
Wort existiert in der himmlischen Welt nicht. Keine
Existenz ist verloren oder kann verloren gehen. Die Teile und Anteile existieren in der geistigen Welt weiter
und formen sich für die Abrufung in neuer Zusammensetzung. Die wiederum hat die Reichweite von der Unendlichkeit. Sie ist jederzeit abrufbar und in die Form
der vorherigen Existenz zu setzen.
Ich möchte euch sagen, dass die Verluste nicht zählen,
sie zählen nur in abgegebener Form. Sie sind dann
ewig. Ich glaube, es ist schwer für euch, dies zu erfassen.
Sagt euch einfach bei abzugebenden Dingen, dass sie
in einer anderen Welt auf euch warten. Dann wird es
leicht und die Handlungen der Räumung erwarten euch
mit Freude, wie auch die Resultate euch befreien.
Ich danke euch für die Aufmerksamkeit und freue mich,
die Menschheit in ihrer Frische wieder zu erfahren.
Ich bin euer Jan

Channel 35

Ich bin heute hier um zu zeigen, wie es geht, die Dinge
zu vollbringen, die man visionär wahrnimmt und nicht
umzusetzen weiß.

Ich möchte euch sagen, dass es sehr einfach ist und nicht viel Können braucht.
Ihr habt schon die Hilfe in Anspruch genommen, wenn ihr die Vision erhält. Sie zeichnet sich durch die vereinte Wieder - Erkennung, also die gelebte Erfahrung und das Gefühl des Vollkommenen aus. Mit dieser Erfahrung und des Vollkommenen ist es so, dass sie eine einheitliche Symbiose bilden. Die Vollkommenheit führt dazu, dass du mit der neuen Situation in die Klasse der Höchsten fällst, die überhaupt dieses Projekt ansprechen und fördern. Wie du auch handelst, die ursächlichen Geschicke sind von höchster Wichtigkeit. Du sollst mit der Vision einhergehen und die Förderung erfragen.
Es ist eine Frage der Zeit, die Einfachheit zu erkennen.
Ich denke, du bist mit der neuen Aufgabe, die das Menschliche fördert, gut betreut und die richtigen Menschen stellen sich ein.
Ich freue mich, die Kinder des Lichtes leiten zu dürfen und freue mich, dass ihr mit der Idee des Planes eine Einheit bildet.
Ich bin in Licht und Liebe
euer Jan

Channel 36

Mit diesen Worten heute erreiche ich hoffentlich die ganze Klientel, was sich für die Geistlehre interessiert. Ich habe mit dieser Ausgabe die Aufgabe, die Menschen durch die Ängste zu führen, um sie danach in einer Weise von dieser Welt unbeeinflussbar zu machen. Ich möchte euch die Frage nach der Angst stellen:

Sind es die normalen Ängste, die euch plagen, oder die versteckten?

Ich vermute mal, es sind die jeder Art.

Ich kann euch eins sagen, dass die Wirklichkeit die Angst in keiner Weise einholt. Sie übertrifft in jedem Fall die Wahrheit. Es gibt keine Angst, die sie nicht überholt.

So macht euch die Rede Art der Starken zu Eigen: Es gibt die Angst nicht, nur der Gedanke existiert. Er verbindet euch mit der angedachten Energie und schon seid ihr in ihr gefangen. Ihr könnt nur raus, wenn ihr mit der größten Kraft, der Liebe die Angst überlistet. Einfacher ist es, sie nicht in die Gedanken einfließen zu lassen. Es sind nur Energien, die mit euch ein Spiel eingehen, da ihr sie gerufen habt. Mit viel Konzentration und Aufpassen erreicht ihr Angstfreiheit. Die Energien erreichen nur die Menschen, die mit der Angst die Freiheit aufgeben.

Ergebt euch nicht und seid wach, was für Gedanken die Freiheit einengen und rauben.

Ich möchte mit euch die Experimente durchführen, die wir selbst in den Kreisen der Aufgestiegenen Meister durchführen, um die Menschen durch diese Experimente führen zu können. Mit meiner Beachtung gerate ich in die Dinge hinein. So entsteht die Verbindung. Ich rate euch, die Dinge mit den Augen des liebenden Jesus anzusehen und die Geister der Dunkelheit sind eliminiert. Mit dieser Probe habt ihr eine starke Ausstrahlung, die mit der Angst nicht erreicht werden kann.

Übt dies für euch und erhaltet so eure Stärke zurück, die ihr verloren habt. Gebt dem Dunklen keine Macht. Es besitzt selbst keine, nur durch seine Er-Finder, die

sie erhaschen und plagen in ihrer Lebensfreiheit.
Mit diesen Worten erreiche ich hoffentlich die Menschen, die sich mit diesem Thema auseinandersetzen
in irgendeiner Form. Ich danke euch für die Aufmerksamkeit und wünsche euch in Licht und Liebe die Freiheit, die euch Gott geschenkt hat. Gebt sie nie auf!
Euer Jan

Channel 37

Hallo liebes Kind,
ich begrüße euch mit der ganzen Herrlichkeit, die ich
euch übermitteln kann. Mit dieser Durchsage erwähne
ich, euch mit der Materie zu befassen, die für euch von
Bedeutung ist.
Nicht die ganzen Wissenschaften und nicht das Wissen
in Buchstabenform sind wichtig für die Existenz der
jenseitigen Welt.
Mit dem Übertritt in die andere Lebensform erhält ihr
eine wunderschöne leichte Bekleidung, die mit vielen
Verzierungen benäht sind.
Achtet auf die Verzierungen, sie sagen etwas über die
Seelenqualität aus. Sie erleichtern die Wege der jenseitigen Welt. Mit diesen Verzierungen ist es wie im dies-
seitigen Leben, sie erleichtern den Weg.
Dieser erstreckt sich je nach Alter und Erfahrung, die
gemacht werden sollen. Mit der Eingebung der richtigen Handlung erreicht ihr die minimalste Strecke, das
heißt, ihr könnt die Erfahrung in ein langes Leben oder
in ein kurzes packen. Es ist eure Entscheidung bei der
Auswahl und Erarbeitung.

Ich möchte euch sagen, dass die Erfahrung und Ansicht der Jahrhunderte sich geändert haben, jedoch nicht die Herzens - Erfahrung. Sie bleibt immer dieselbe und währt über die Ewigkeit.
Ich glaube, ihr habt die Lektion verstanden und wollt nicht viel Geschwätz darüber hören.
Die Herzenswärme, die Herzensliebe und die Herzensgüte sind die Eingänge zur Ewigkeit, die jeder eines Tages erreichen wird.
Die anderen Wissensarten erwartet niemand in den Himmelreichen, da sie die selbst wahrnehmen und erfahren dürfen.
Mit dieser kleinen Lektüre wollte ich euch heute einladen, die Wissenschaften in aller Form zu würdigen, jedoch nicht zu erhöhen über die anderen, einfachen Herzens - Wissenschaften.
Sie sind jedermann zugänglich und befreien niemanden von der Pflicht, sie eines Tages zu erlernen.
In Licht und Liebe
euer Jan

Channel 38

Hallo ihr Lieben,
ich wollte mich heute als die Person vorstellen, die ich bin.
Du hast mit mir schon viele Leben gelebt und miteinander haben wir die größten Abenteuer erlebt. Du hast mit mir die Anlagen und Vermögen von anderen Menschen erobert, um mit ihnen ein gutes Leben zu führen.

Ich habe mit der anderen Habe ein ehrenvolles Leben gelebt und mit vollen Händen ausgegeben. Wir waren ein gutes Team und hatten viel Bewunderung zu ernten. Die anderen dachten, wir seien Helden, wie auch Helden immer zustande kommen, sie sind es nicht. Echte Helden sind versteckt und halten die Gesellschaft unter Ausschluss.

Mit der guten Nachricht von Helden ist es wie mit der Nachricht von der untergegangenen Titanic. Sie ist schon untergegangen, bevor die Nachricht angekommen ist.

Feiert euch nicht, wenn die Sache schon eine andere Richtung genommen hat. Mit der Frage nach wann ist die einfache Antwort zu setzen:

Wenn die Richtung sich wendet und nicht nach der Wende.

So erarbeitet die richtige Zeit und fühlt die richtige Nachricht. Sie kann nicht so stehen gelassen werden, wie sie geschrieben wurde. Dazu ist die Zeit zu ungenau und verschiebbar.

Ich möchte mit euch die richtige Zeit ausfindig machen. Stellt euch vor, ihr habt mit der Neuzeit ein Abkommen, die Zeit in der richtigen Reihenfolge zu ordnen. Dies ist nicht möglich und möchte nicht erwiesen werden. Ich sage euch, dass ihr mit der Neuzeit die Orientierung verlieren werdet, sobald ihr sie einordnen wollt. Die Zeit ist in keinster Weise zu ergründen. Wir haben die Aufgabe, die Zeit, in der ihr lebt, zu erfüllen in guter Weise und Nutzen für den Nächsten.

Ich frage euch, was ihr Gutes tut für den Nächsten? Habt ihr die Untaten hinter euch gelassen?

Ich frage euch, weil die guten Taten erleuchtet werden. Die anderen sind nicht für den Aufstieg gedacht.

Ich werde euch eine Anekdote erzählen, die eines Ta-

ges in der Stadt, in der ich lebte, stattgefunden hat.
Mit Pferd und Wagen ist man die Straßen entlanggefahren, um in eine andere Ortschaft zu gelangen. Ich fuhr und dachte nicht viel, um das Hirn zu schonen und die Eingebungen wahrzunehmen, die ich erfuhr, schon damals, als noch niemand daran glaubte. So fuhr ich und erreichte die wunderschöne, neue Ortschaft, die ich erkunden wollte.

Mit der göttlichen Führung ist es wie mit einer Wegweisung. Sie zeigt die Ziele auf, die erreicht werden möchten. Ich erfuhr in dem Ort, dass die Zimmer ausgebucht waren, die für Übernachtungen bereitgestellt waren. Ich fragte nach einer anderen Bleibe und bekam die nettesten Menschen in diesem Ort.

So ist das mit der Vorsehung, sie ist schon auf der Liste und wartet auf die Erfüllung. Ich glaube, ihr habt die Erfüllung schon in der Tasche, sobald ihr mit ihr Kontakt aufnehmt.

Ich rate euch, gebt euch hin und seid die Kinder Gottes, die Er erschaffen hat.

Ich danke euch in Licht und Liebe
euer Jan

Channel 39

Ich bin hier, um zu zeigen, dass mit dieser Inkarnation die freie Entscheidung stattfindet.

Ihr habt mit dieser Wahl die Interessen und Ansprüche angefordert, die ihr braucht, um das Vorgesehene zu erreichen.

Ich habe mit euch die Aufgabe, diese Interessen zu erfüllen und achtet auf die Wortwahl, Interesse. So soll die Aufgabe nicht zu einem interesselosen Rennen werden, das weder Freude noch Interesse auslöst.

Die Hierarchie mit ihren Helfern freut sich, wenn die Übernahme der gestellten Aufgaben freudig und voller Elan ausgeführt wird. Wir haben unseren Weg in dieser Welt mit denselben Attributen vollendet. Ich möchte euch die glanzvolle Ehrung anschließend wünschen.

Ehrt euch selbst, wenn ihr mit euch zufrieden seid und begehrt das Höchste. Ich kann immer nur sagen, dass ihr die Situation, in der ihr euch befindet, nutzen sollt, um die besten Resultate zu erzielen.

Ich glaube, ihr habt mit der Aufgabe eine schöne Gelegenheit, die Inkarnationen zu beenden, was als Ziel gedacht ist.

Die Geistige Welt mit ihren neuen Aufgaben erwartet euch und fordert euch wieder neu zu Hohem auf.

Ich danke euch und bin euer Jan

Channel 40

Ich bin hier, um mit euch zu erarbeiten, was die Zukunft erbringt. Ich meine mit erbringen, eine Sache in Erfahrung bringen. Die Sache ist die, die in dieser Zeit eine Aktualität darstellt.

Ich möchte mit euch eine gute Grundlage aufbauen, um mit der Neuzeit die Anforderungen zu meistern, die euch erwarten. Mit dieser Zeit ändert sich vieles, was bisher nur die Anzeichen verrieten, wird dann konkret und formt sich zu einer neuen Lebensart, die euch alle fordert.

Verlasst euch nicht auf die einzelnen Fähigkeiten, sie erfordern die nächsten, die mit einer neuen aufwarten. Ich glaube, ihr habt die neue Form in euch entdeckt und müsst sie nur noch leben wie auch er-leben. Die neue Form heißt Frieden und möchte ge-lebt werden. Freut euch auf diese neue Lebensart und feiert die Tage, die so viel schöner sein werden.

Ich verabschiede mich und freue mich auf eine neue Sitzung mit der Schar der Friedensuchenden.

Ich bin euer Jan und gebe weiter an die Hierarchie, die euch etwas dazu sagen möchte.

Ich bin hier und vertrete die Hierarchie mit ihren Mitteilungen. Ich heiße Lento und bin für die verschiedenen Bereiche der Neuzeit zuständig. Ich möchte euch sagen, dass die Geistwelt mit ihren Helfern eine Reihe von neuem für euch vorbereitet hat. Mit der Zeit ist die Erde nicht mehr so widerstandsfähig wie auch schon und möchte die Dinge, die ihr mit ihr veranstaltet, nicht mehr weiter ertragen.

Ich rate euch, die Menschen mit ihrer Gewalt und Aufsässigkeit dieser wunderbaren Erdkugel gegenüber zu mäßigen. Sie werden erfahren, wie es ist, gefoltert zu werden in ihrer Aufrichtigkeit.

Mit dieser Durchsage möchte ich, Lento, die Menschen aufrufen, das gesamte Universum zu schätzen und zu achten. Ich habe dieses Universum als Ganzes vor mir und kann euch nur sagen, dass es unbeschreiblich schön und imposant ist. Die Flüsse ziehen durch die Länder und versorgen die Menschen in vieler Hinsicht. Ich glaube, ihr wisst nicht die Dinge zu schätzen, die ihr erhaltet von der Mutter Erde, die mit ihrer Liebe zu euch das Leben erhält und unterstützt.

Mit der kommenden Zeit ist die Weiche für eine bewusste Lebensaufnahme gelegt und möchte erachtet werden. Die nächste Zeit erscheint euch Erwachenden eine Spur intensiver in der Erscheinung und hat die Vorteile der neuen Energie, die euch mit der intensiveren Strahlung trifft. Ich mag euch nicht sagen, wie viele Veränderungen euch erwarten werden. Deshalb sei nur gesagt, dass die Neuzeit mit euch die Veränderung aufnimmt, um die Anpassung an die neue Energie zu gewährleisten. Wir haben viel zu tun und möchten mit euch Eins-sein.

Diese Ansprüche erheben wir für euch und uns, ansonsten ist eine Zusammenarbeit nicht zu erreichen. Ich von meiner Seite aus habe die Aufgabe, diese Anordnungen zu koordinieren und möchte mit euch zusammen die Dinge anpacken, die Not - wendig sind, um eine gezielte neue Ansicht und Aufnahme des Planetensystems zu erlangen. Ich bin euer Leiter und Anhörer, der mit diesen neuen Ideen und Aufgaben das Reich der Heimat auf diesem Planeten sichert. Ich habe mit vielen möglichen Anschaffungen zu tun und erreiche durch die Vermittlung in die Reiche der himmlischen Mächte eine Zuwendung, die mir und euch einiges ermöglicht an Umsetzung und Ausführung. Ich kreiere die Ideen und versuche sie zu erreichen, indem ich mit der Hierarchie einhergehe und sie mit einbeziehe. Ich arbeite mit ihr und nicht gegen sie, wie viele Menschen dies in der täglichen Arbeit ausführen.

Die Zusammenarbeit ist die wichtigste Eigenschaft, die ein Mensch erlernen sollte. Sie ist so wichtig, dass ihr mit der Übung gleich beginnen solltet. Die täglichen Pflichten erfordern die Koordination dieser Arbeiten und leiten euch in die Zusammenarbeit, wenn ihr nicht alleine seid.

Die alleinige Arbeit heißt alleinige Verantwortung und

ist die Versicherung einer Alleinherrschaft.

Bei mehreren Personen jedoch ist die Zusammenwirkung von höchster Wichtigkeit und hat Priorität für jeden Mitarbeiter. Er hat seine Bereiche zu erfüllen, wie die anderen die Ihren und so funktioniert die gesamte Existenz, die euch trägt.

Die neue Zeit, in der ihr nun steckt, veranlasst euch, nun mehr acht zu geben für den Nächsten und fordert die neuen Regeln der Kunst des Lebens heraus.

Ich verabschiede mich mit der Bitte, dass doch jeder dem Nächsten ein Freund sein sollte.

Mit diesen Worten bin ich Lento.

Channel 41

Ich bin Licht
Ich bin Liebe
Ich bin Freiheit

Dies und vieles anderes Gutes solltet ihr am Morgen beim Aufwachen repetieren, nicht schon Sorgen aufsteigen lassen, die dadurch nicht gelöst sind.

So begrüße ich euch zu unserem heutigen Einstieg in die Freiheit mit all den Konsequenzen.

Ich befreie euch von der Vorstellung, mit der Last anderer herum zu wandeln. Ihr habt nur die Verantwortung der eigenen Belange zu tragen.

Ich möchte euch klarmachen, dass die eigene Verantwortung genug bedeutet für einen Menschen. Sie hat nicht die Aufgabe, die Menschen zu belagern, sondern zu fördern.

Ich freue mich, wenn die verschiedenen Aufgaben euch erweitern und unterstützen in eurer Entwicklung und die gemeinsamen freien Stunden der Menschheit anders verbracht werden. Mit der Aufgabe wächst die Verantwortung und die Verantwortung wiederum haftet mit für eine gute Gedenk-Gabe. Ich möchte euch das Wort erklären und feuere euch an, die Worte immer genau zu studieren, um den Wert zu erkennen, den sie enthalten. Ich sage euch, nehmt jedes Wort dieser oder einer anderen Sprache in die Verantwortung. Mit der Verantwortung müsst ihr unweigerlich die Gedanken in die Richtung lenken und bekommt den Zugang dieser Erscheinung.

Dieser Teil der Séance ist verstanden, nehme ich an. Die anderen Lektionen irren noch in der Entstehung und sind auf dem Weg zu euch, die ihr mit dieser Schule eine Strecke des Weges gehen möchtet.

Ich danke euch für die Aufmerksamkeit und bin in Licht und Liebe

euer Jan.

Die Hierarchie hat noch ein Anliegen.

Sie möchte die Überbringerin der guten Botschaften sein und hat die freudige Botschaft der Liebe zu verkünden.

Die Liebe ist die höchste Form des Lebens. Die Form des Lebens ist alles, was ihr besitzt in dieser Menschenhülle. Beachtet die einzelnen Lebensformen mit aller Liebe, die ihr in euch spüren könnt.

Beachtet die verschiedenen Atmungen und Ausatmungen. Sie enthalten die göttliche Anziehung. Mit jedem Atemzug verändert ihr euren Körper, mit dem ihr hier erhalten bleibt. Die Körper sind nicht einfach so die

Mittler zwischen Gott und der Menschheit, er ist in allem und jedem vorhanden.
Befreit die Anteile der Armut und der Sorgen, sie sind in Gottes Hand.
Befreit euch.
Hierarchie

Channel 42

Liebstes Kind in Licht und Liebe,
wir haben dich wie viele andere für die große Aufräumarbeit erkoren. Wir haben die Auswahl getroffen, weil die Anlagen in dieser Anordnung sind, wie sie gebraucht werden. Mit der Auswahl haben wir die bestmögliche Auslese und können die Aufgaben erreichen. Wir möchten die Dinge erledigen, die wichtig sind. So haben wir eine gute Chance, das Reich des Himmels zu erschließen in der Vielfalt und Schönheit.
Die Zeit kommt, in der die Reichen und Fürsten in ihren Palästen ersticken und die Kleinen und Guten erreichen den Reichtum, der ihnen zusteht.
Ich glaube, dass du mit der Elite der Reichen die Armen auffängst und sie in die reiche Phase begleitest. Du hast viel von der Welt, in der du lebst, erfahren und möchtest die anderen Schwachen erhöhen.
Mit dieser Idee gehe hinaus und erfahre die Wohltat, die hinter einer solchen Anstands-Handlung steht. Ich habe die Ordnung des Planeten zu erreichen und brauche für diese Handlung eine gute und zuverlässige Hilfe.
Glaube dir und deiner Intuition, sie irrt sich nicht. Er-

reiche mit der Freude die höchste Stufe, die du in der Hülle erreichen kannst.

Bekenne dich zu den Heiligen, die mit der Freude die Welt verbesserten.

Erreiche die Armen mit den Lasten und die Gesättigten mit ihrer Wind-Sucht. Sie winden sich aus der Verantwortung des Teilens. Ich habe genug, also halte ich das für mich.

Diese Einstellung erwartet eine Gleichstellung, die heißt, dass der Teil, der nichts oder zu wenig hat, eine Ration erhält. Mit der Gleichstellung ist die ausgleichende Gerechtigkeit erreicht. Mit der ausgleichenden Gerechtigkeit hat die Menschheit die Zeit der glorreichen goldenen Zeit erreicht.

Ich freue mich, die Menschen in ihrer Unwissenheit anzuleiten. Sie brauchen sehr viel Hilfestellung, wenn sie erreichen wollen, dass die Welt zivilisierter mit sich umgeht. Ich gebe diese Hilfestellung, indem ich euch die Hinweise für eine bessere Verständigung gebe.

Achtet einander und ehrt die anderen wie euch selbst. Ich freue mich.

Hierarchie   dein Jan

Channel 43

Liebste Kinder des Lichtes,
ich möchte heute die Gunst des Lebens erwähnen, die euch gegeben ist. Ich glaube, ihr habt mit der Zeit die Chance, die ihr hunderte von Jahren nicht hattet. Deshalb nehmt die Herausforderung an und seid die Kämpfer, die ihr in den vielen Leben gelebt habt. Ich werde

euch die anderen Seiten des Lebens mit den verschiedenen Angeboten aufzeigen.

Ihr könnt die Flinte ins Korn werfen oder ihr könnt das Ganze mit Ehre annehmen und die Aufgaben erfordern nur die Aufmerksamkeit der einzelnen. Also was ist besser, die Aufgaben erfahren oder das Weite suchen? Ich glaube, für die neue Zeit habt ihr noch vieles zu lernen, zum Beispiel, wie man das genaue Gefühl für die Aufgaben bekommt. Ich sage euch, dass die Gefühle die mächtigste Rolle spielen im Leben eines Menschen. Die Gefühle lassen sich nicht genau beschreiben und das ist gut so. Ich denke, die Menschheit hat gelernt, die Gefühle zu ignorieren, um das Ausmaß eines Gefühlsausbruches nicht zu zeigen. Die Gefühle erraten das wahre Ich und nicht die versteckte Erscheinung. So geraten die Menschen in einen Konflikt, da sie nicht wissen, was mit der wahren Erscheinung geschieht. Die Erscheinung ist die Folge von einer wahren oder unwahren Begebenheit, die wiederum erscheint für die Menschen in Form von der Dichte eines Nebels, der sie verhüllt. Sie wissen nicht, dass sie der Nebel sind und suchen nach irgendeinem Schuldigen und Verbrecher dieses Zustandes.

Ich glaube, ihr habt mit der Entscheidung der Wahl zwischen den wahren Tätern dieser Zustände nicht zu hadern. Ihr seid es selbst und verführt euch immer wieder neu zu diesen unglückseligen Zuständen. Ihr habt die Wahl und wählt oft die verkehrte Seite.

Bleibt in euren Gefühlen und seid die Wärter eurer Gedanken, die euch dahin leiten. Ich möchte euch sagen, dass die neue Zeit eine Zeit der Fülle und des Lebens ist. Kein Stein ist wie der andere und keine Erzeugnisse wie das Leben, sind gleich.

Benehmt euch in diesem Leben wie eine Vielzahl von

Anwärtern, die mit der neuen Zeit eine gekoppelte Lei-
denschaft eingehen.
Seid wach für die anderen und seid wach für euch.
Die Dinge entstehen in euch und nicht außerhalb. Sie
entstehen durch die verschiedenen Aussendungen der
Gedanken und Erwartungen.
Erwartet die besten Ideen und das beste Ausgangsmo-
dell, das es geben kann.
Ich bin euer Jan

Channel 44

Ich möchte mit dir arbeiten mein Kind und deshalb ist
es wichtig, dass du mit der Hierarchie in Einheit bist.
Vergesse nie die Anlaufstelle, die dir Anweisungen
gibt. Ich habe mit der Zentrale die Vereinbarung, dass
die Menschen in ihren Nöten und ausweglosen Situationen eine Anlaufstelle haben dürfen. Ihr habt mit der
Einführung der neuen Zeit eine Verbesserung von allem zu erwarten.
Ergreift die Gelegenheit und feiert die Tage und Nächte,
wie sie euch entgegenkommen.
Wir ergreifen unsere Gelegenheiten und sind eine Einheit für euch, die mit der Geistigen Welt die Welt der
freien Gestaltung vertreten. Sie vertritt die Ansicht der
Liebe und diese wiederum erscheint in euch, die es
gerne erwarten.
Ich möchte nicht zu viel verlangen von euch, jedoch die
Vielzahl von euch ist mit der Geistigen Welt noch nicht
so vertraut und möchte bestimmt noch ein paar Anhaltspunkte, wie sie damit umgehen können.

So fordert denn die Geistige Welt auf, mit ihrem Wissen und Verheißen euch zur Seite zu stehen und euch nicht zu vergessen. Die Mehrheit von euch hat mit der guten neuen Zeit die Chance des Lebens. Sie ist die große Verheißung und Güte, die ihr nun in Empfang nehmen dürft.

Ich glaube, ihr meldet mit der guten neuen Zeit eine hervorragende Freiheit und Gelegenheit, um die Welt in der Zielgeraden zu unterstützen, an. Und diese Anmeldung erfordert die Kraft der Menschen, die mit der neuen Zeit einen Verbund eingehen, um die großen Umbrüche zu erfassen, wie umzusetzen.

Ich glaube, ihr habt verstanden und ihr möchtet gerne dabei sein, diese Zeit mit uns, der Geistigen Welt, zu gehen. Ich freue mich über jeden von euch und erinnere nur an die Anforderungen, die heißen:
Vertrauen und Güte für den Nächsten.

Mehr verlangen wir nicht, die restlichen Aufträge erscheinen in eurer Eingebung und sind für die Verwirklichung gedacht.

Ich bin in Licht und Liebe
euer Jan

Channel 45

Mein liebstes Kind,
ich habe dir so viel zu sagen.
Bleibe in der Energie der Göttlichkeit. Erinnere dich deines Anfanges und sei ein Licht. Mit diesem Licht hast du die Möglichkeit, das Universum zu umfliegen und freue dich über die vielen Reisen, die wir unter-

nehmen. Wir fügen dich wie eine Blume ins Ganze und erfüllen deinen Auftrag, mit den vielen Menschen in der ganzen Welt zu kommunizieren.

Sei ihnen weiterhin ein Freund und verbleibe mit der Seele in dieser freundschaftlichen Verbindung.

Ich freue mich, wenn du mit der Seele die Menschen erreichst, die mit ihrer Seele nicht in die Verbindung gelangen. Sie haben sie sehr tief in sich vergraben und fühlen die Dinge nur mit der körperlichen Annahme. Ich erfahre die Dinge aus jeder Dimension und finde das herrlich. Die Planeten erfüllen ihren Zweck und die Menschen und Wesen, die sie bewohnen, erfüllen den ihren.

Ich kann nur sagen, dass die Menschheit mit den vielen Bewohnern da ist, wo sie sich hineinmanövriert hat.

Die Geistige Welt hat nie gesagt, die Dinge seien für jeden und jede zu besitzen. Sie gehören niemandem!

Ich möchte das noch einmal betonen:

Niemandem.

Du hast gesehen, wie die Menschheit die Bäume abrasiert und das Pflanzenreich besudelt, indem sie die schlimmsten Gifte spritzen, die sie nicht einmal anfassen möchten.

Du hast gesehen, wie der Mensch in seiner Gier die eigenen Kinder missbraucht, um seine Gelüste zu befriedigen.

Wie kann in dieser Welt ein Friede sein?

Du hast gesehen, dass die Menschheit das Versprechen von der Weitherzigkeit und Güte nicht eingehalten hat - sie morden und urteilen weiter.

Ihr habt so viele Möglichkeiten, die Schulden eurer Vergehen aus alten Zeiten zu begleichen, doch ihr habt noch die Forderung, das Ganze für euch zu haben, die Kinder und die Freiheit, die euch dadurch abgeschnitten ist. Ich kann es nicht verstehen, die meiste Zeit in der ihr in diesem Jammertal verbringt, habt ihr euch selbst zuzuschreiben.

Ihr habt diese Wahl getroffen, die Wahl der Einzigartigkeit, die ihr denkt, das Einzige zu sein.

Ihr habt das freie Leben in der Herrlichkeit Gottes abgelehnt und die Reise durch die tiefen Schluchten der Ereignisse gewählt.

Die einfachere Ereignisreise wäre, den Weg zurück zu Gott anzutreten.

Ich bin in Licht und Liebe
dein Jan

Channel 46

Liebste Kinder des Lichtes,
ich bin heute hier, um mit euch die Rede von Jesus dem Erlöser zu besprechen.

Wir haben die Eingebung, die Rede mit euch zu erläutern und dies werden wir tun. Ich freue mich, wenn die Aufmerksamkeit vorhanden ist.

Befreit euch von den Sorgen und Nöten. Ihr habt Jesus an eurer Seite, wann immer ihr ihn braucht, er ist für euch da. Die Distanz ist unwichtig, wir sind alle in einer Angelegenheit auf diesem Planeten und erhoffen uns Erlösung von unserem unschönen Aufenthalt, der nur für die Wiedergutmachung gedacht ist. Unser aller wahres Zuhause ist in der Unendlichkeit mit ihrer unendlichen Anwesenheit. Die wiederum bedeutet die

Anwesenheit von der Liebe und der Weisheit Gottes.
Dieses ist unser Ziel, ob bewusst oder unbewusst.
Du hast mit der Schreibaufgabe, die Menschen in der
Dunkelheit zu erleuchten, um sie auf ihr wahres Ich, die
Göttlichkeit in ihnen, zu weisen. Sie wissen es nicht
und sind in ihren Handlungen erfüllt von der eigenen
Ich-Bezogenheit, die sie nicht erfüllen kann mit Licht
und Liebe. Die echte Erfüllung kommt aus dem Herzen
und ereifert sich nicht an der eigenen Form der Hand-
lunge, die meistens nichts mit der realen Aufgabenstellung zu tun hat. Sie ist aus der egoistischen Haltung
entstanden, die nur will. Ich freue mich, wenn die Handlungen ohne Eigennutz vollzogen werden und somit die
richtigen göttlichen Handlungen sind, die geleistet
werden.
Die hatte Jesus euch vorgemacht und nicht irgendwel-
che verdrehten, ausschweifenden Tätigkeiten mit Eigennutz.
Er war bedacht, ob es in göttlicher Funktion geschieht.
Er hat mit Gott vor der Handlung gesprochen in seinem
Herzen.
Mit dieser Art des Tuns wollte er euch sagen, wie die
Worte in die Tat umgesetzt werden. Die Worte helfen
nicht viel, wenn nicht die Tat dementsprechend erfolgt.
Nicht mit anderen Handlungen, genau die der göttli-
chen Eingebung müssen erfolgen.
Ihr habt die Worte Jesu oft falsch und verkehrt interpre-
tiert.
Ihr habt Gebote erfunden, die mit der Wahrheit nicht
übereinstimmen.
Die Gebote der himmlischen Führung erniedrigen nie-
mals und befreien die Menschen aus der Sklaverei.
Das Gebot heißt nicht:

Du sollst nicht töten,

sondern:

Du sollst das Leben erhalten.

Die Version erlaubt nicht einmal das Wort des Tötens.
Es ist die Aufgabe der Großen Hierarchischen Gemeinschaft, dies euch mitzuteilen, um weitere Unstimmigkeiten auszuschalten, die leider zu viel Unsegen verhel-
fen.
Wir von der Großen Gemeinschaft möchten die Berich-
tigung mit Gottes Einverständnis weiterleiten und hoffen, dass dies mit Liebe anerkannt wird.
Hierarchie

Channel 47

Liebstes Kind,
ich freue mich, dass du mit der heutigen Einverneh-
mung unsere Lektion anhörst. Du hast die freie Entscheidung und möchtest sie auch weiterhin ein verlangen. Wir haben die folgende Erklärung für die Ungläubigen aufbereitet.
Sie sollen sich und die Welt mit der Entwicklung einvernehmen und dann die Bilanz ziehen, ob das die richtige Entwicklung von Hunger und Not ist, die ihr euch
vorgestellt habt. So erreicht ihr mit der Entwicklung nur
eine Katastrophe nach der anderen. Die Unterwelt gewinnt in dieser Entwicklung offensichtlich und der ehr-

liche, kleine Mann erstickt in der anderen Größe.

Die Geistige Welt hilft, indem ihr mit ihrer Einstellung und dem Elan die Dinge anpackt. Sie helfen euch, die Dinge richtig zu sehen, mit den Augen aller und nicht nur mit denen der Anstifter von Arroganz und Gewinnsucht.

Ihr habt mit der neuen Idee dieser Welt zu rechnen und fordert die ganze Heerschar der Engel auf, mit euch die Wege zu gehen. Sie erhellen euch gerne die Straße und die Hügel.

Wir von der Hierarchie erfüllen euch die mit Heilung und Erfahrung für die nächsten. Sie profitieren von der Zeit, die ihr ihnen vor-erarbeitet.

Und betet, dass die Ausläufer nicht in der Bucht und dem Ozean der Ignoranz verebben.

Die Vorreiter erfahren und erklimmen nicht die höchsten Berge, um die Menschheit zu verwirren und zu verunsichern. Sie kämpfen, um die Hinterlassenschaft mit der Heilung des Planeten zu sichern.

Ihr Vorarbeiter der neuen Zeit, vergibt die Unvernunft der Unwissenden und die Urteile über euch, die mit der Großen Weißen Bruderschaft einen Pakt geschlossen haben - einen Pakt der Liebe und der Einheit. Sie sind die Erretter der Neuzeit die angebrochen ist und erkannt werden will in ihrer Ganzheit und Größe.

Gebt nicht auf, die Menschen in ihren schlafenden Gebäuden aufzuwecken und feuert euch immer wieder neu an, die Dinge zu tun, die euch am Herzen liegen. Das sind die, die mit der neuen Zeit erwartet werden - sie sollen leben.

Ich bin in Licht und Liebe
euer Jan

Channel 48

Ich möchte euch heute die freie Entscheidung bekunden.

Sie ist die göttliche Freiheit, die ihr erhalten habt nach eurer Geburt in diese Welt. Die göttliche Freiheit heißt, dass ihr mit der Einheit eurer Gedanken die freie Wahl habt zwischen Geben und Nehmen, zwischen Gut und Böse. Die freie Wahl ermöglicht die Hingabe an Gott oder an die eigene Ego-Idee. Sie hat nichts mit der Realität der wirklichen Ausrichtung auf Gott zu tun.

Die göttliche Ausrichtung erhält die Informationen in einer Eingebung von Demut und innerem Glücksgefühl, da sie die Richtige ist.

Die Ego-Idee erhält die Information aus der Quelle des eigenen Gutdünkens und findet nicht dieselbe Ausdrucksform wie die göttliche.

Ihr habt mit der göttlichen eine gute Wahl getroffen, da sie mit der nächsten Idee ein Komplott bildet. Sie hängen ineinander und formen sich zu einem Ganzen wie die Informationsträger der Genstränge. Sie hängen alle zusammen und ergeben erst in der Gesamtform ein Bild, das brauchbar ist. Um es auszuwerten braucht die Information nicht zu fungieren, sie steht einfach und ist.

Wie denkt ihr, funktioniert die Hirnmasse mit der Eingebung?

Sie erhört die Namen und einzelnen Formationen, um sie in die richtige Schublade zu sortieren. Um das Unförmige zu formen, benötigt die unförmige Masse den Stab der Intelligenz, der wiederum aus den Reihen der großen Helfer entspringt.

Kein Stäubchen auf diesem Planeten erscheint und vergeht ohne die Intelligenz der großen Herrschaft mit ihren Abermillionen Helfern, eine große Fabrik, wie in jeder Herstellung auch.

Die Wahl der Menschen bestimmt die Herstellung, ob das Marmelade ist oder eine Idee, die entstehen soll.

Die entsteht durch eure Entscheidung.

Bleibt bei der einen und hüpft nicht zu der und der.

Die Herstellung und Ausführung leidet darunter, wie auch die Unsicherheit einiger Menschen keine klaren Ziele aufzeichnet. Dadurch entstehen riesige Unterbrechungen und Risse im Auftrag an die Herstellung.

Ich glaube, ich habe mich klar ausgedrückt und hoffe auf das folgende Miteinander-Sein.

Ich bin in Licht und Liebe

euer Jan

Channel 49

Ich bin hier und möchte euch sagen, dass die Freiheit die höchste Stufe der menschlichen Rasse ist.

Befreit euch von allem, was euch beengt und nicht frei denken lässt. Die Reden der anderen Menschen hätten vieles, was die Freiheit bewirken würde, doch sie formulieren die Dinge nach ihrem Gewinn. So entstehen viele kleine Geschichten, die mit der wahren Miteinander-Sein-Gemeinschaft nichts zu tun hat.

Verbergt nicht voreinander die richtigen Gedanken und

fördert damit die Heilung von Körper Geist und Seele.
Die Gemeinschaft kann nur funktionieren, wenn genügend Respekt und Ehrlichkeit vorherrschen. Die Ehe
mit ihrem Gelingen sollte nur eine Basis des Vertrau-
ens und der Ehrlichkeit beinhalten.

Wir von der Weißen Bruderschaft bereichern die Sphären mit der Herrlichkeit Gottes, die nur mit der Ehrlichkeit des Geistes zu erfahren ist. So befreit euch von der
Gedankenwelt, die euch nur beunruhigt. Bewegt euch
in der freien Denkweise und feiert die Geistige Welt mit
ihren Gedanken, die nur Heiliges und Freies enthält.

Du hast mit der neuen Zeit die Aufgabe der Heilung eurer Gedanken, die lange Zeit nur die Gedanken der anderen waren. Sie sollen die euren werden - nicht frem-
de, die nicht für euch bestimmt sind.

Wir haben die Möglichkeit, das Wahre und Gesegnete
zu sehen - ihr nehmt nur die Worte wahr, die sich gut
anhören. Ich möchte euch mitteilen, dass ihr die richtigen Worte und die richtigen Gedanken in ihrer Mitte
spüren sollt. Die richtigen verwandeln die Raum- und
Zeit- Gefüge - sie leben.

Wie wollt ihr die guten und wahren Worte und Gedanken in die Winde entlassen, ohne ein Wert der Liebe zu
versenden?

Die sind Liebe, die Worte der Ehrlichkeit und Freiheit.
Kein Mensch ist der Kraft und Einheit seiner Schätze in
sich bewusst. Die meisten Menschen ertragen die Kraft
der Liebe nicht und flüchten in die dunklen Zonen, die
ihnen Vertrauen zu einer niederen Macht gibt. Mit diesen Mächten ist es wie mit der Wahl der Freiheit, die
das Hohe und nicht das Niedere ist.

Mit diesen Worten möchte ich mich verabschieden und
freue mich auf die weiteren Einladungen von der Geistigen Welt in die eure.

Mit Licht und Liebe
Weiße Bruderschaft   Jan

Channel 50

Mit diesem Schreiben möchte ich euch eine kleine vertraute Zusammenkunft ankündigen.
Ich habe mit der Aufgestiegenen Meisterschaft die Reise zu den hohen und niederen Gemeinschaften machen dürfen. Sie führten mich zu der Stelle, an der ich
zeigen musste, was ich für die Menschen empfand. Sie
meinten, ich sei noch nicht reif, solange ich die Menschen nicht als gleichwertige Wesen betrachten könne. Sie seien alle gleich und doch verschieden durch
die unterschiedlichen Wege, die sie zu gehen wünsch-
ten. Mit der anderen Ansicht könne ich jeden Menschen
in mein Herz schließen, der mir in den Weg geschickt
würde. So sei es nicht schwer, die Menschen zu lieben,
was letztendlich die absolute Endlösung sei, wie für
mich, so auch für die anderen.
Ich möchte betonen, dass die Lektion nicht einfach ist
und fordere deshalb jeden auf, mit ganzem Herzen die
Aufgabe zu erkennen und erfüllen.
Mit jedem Menschen, den man in sein Herz hineinge-
lassen hat, fördert ihr das eigene erweiterte Empfinden
und erträgt immer mehr von der Vielzahl der verschiedenen Menschen. Sie erfüllen alle die gleiche Funktion
wie ihr, sie erfüllen ihre Bestimmung und versuchen
wie ihr, die Lektion zu erledigen. Ich habe lange gebraucht, die verschiedenen Aufgaben und Forderungen, die ich mir selbst stellte, zu begreifen.

Deshalb gebt nicht auf, die Dinge zu erfassen und zu ergreifen, die euch auf den Weg gelegt werden.

Ich glaube, ihr habt viel von der Lektion aufgearbeitet, wenn ihr die Wege mit Elan und Kraft erklimmt.

Gebt nicht klein bei und seid in der Kraft.

Das wünsche ich euch für die kommende Zeit.

Die Hierarchie ist auf der Seite, die mit ihr gehen will, um das Zeitalter der Goldenen Ernte zu leben.

Die anderen erleben die nackte, genaue Wiedergabe ihrer Lebensweise ohne Liebe und Zuneigung. Sie erfahren ihre Art und Weise in umgekehrter Richtung und bestrafen sich selbst. Durch eine Reihe von diesen Lieblosigkeiten, die sie ausgesendet haben, erfüllen sie ihr eigenes Leben. Nun ist es an der Zeit, die Ernte einzuholen, die mit der Lebensweise erarbeitet wurde.

Ich freue mich, wenn viele den Weg zu Gott schaffen und befreit euch von der Angst, die nur lähmt und kraftlos macht, sie fördert in keinster Weise.

Du und du, ihr habt so viele Möglichkeiten, die Menschen in eure Herzen zu schließen. Beginnt erst einmal in der eigenen Familie, um dann den Nächsten mit einzuschließen. Ihr werdet sehen, dass die Unterschiede dieser Menschen zu euch nicht so groß sind. Die Distanz schafft ihr durch eine scheinbare Wand, um nicht zu erscheinen, wie ihr seid. Die Offenbarung würde heißen, das Spiel der Unterscheidung aufzugeben und eventuell die kürzere oder kleinere Spielkarte zu ziehen. Ich möchte euch aufmuntern und sagen, dass ihr alle gleich seid und keiner dem Anderen neidisch sein muss oder die Ernte missgönnt.

Die Gerechtigkeit hat für jeden das bereit, was er in vielen Inkarnationen erarbeitet und sich verdient hat. Keiner kommt zu kurz, er muss nur mit der Interessegemeinschaft Mensch eine Verbindung schaffen und sich

nicht als etwas Besseres meinen.
Die Besseren erreichen das Ziel
die Besser - meinenden die Anfangssituation ihrer Entstehung.
Ich möchte mich mit diesen Worten verabschieden und
freue mich auf ein nächstes Mal.
Mit Licht und Liebe
euer Jan

Channel 51

Ich bin hier, um die Aufgabe der Leitung zu übernehmen. Leitung heißt, die Führung von einem Projekt zu
leiten. Diese Leitung heißt nicht, dass die Führung aus
meiner Idee entspringt. Sie erschließt sich aus der Hierarchie, der Weißen Bruderschaft. Mit dieser Leitung
übernehme ich das aufgegebene Amt. Dieses beinhaltet eine Reihe von verschiedenen Aufgaben. So kompliziert, wie es sich anhört, ist es nicht. Die Hierarchie
entledigt sich nur ihrer Weisungen und fordert dann
mich auf, diese an die Medien, wie jetzt an Regina, weiterzuleiten. Ich bin nur für den Transport der Informationen zuständig. Die Inhalte entspringen einer anderen
Quelle. Mit diesen Aufzeichnungen erreichen wir die
vielen Mitmenschen, die auf der Suche nach einer wahren Information sind. Keine Vergessenen und Vergäng-
lichen, wie sie die Flut der Medien ausschütten täglich.
Ihr überflutet euch förmlich mit sehr vielen unnötigen
interessanten Unwichtigkeiten.
Erarbeitet euch eine innere Aufnahmebereitschaft für
Gutes und Wahres.

Die Wahrheit häuft sich durch die Aufnahme und die erreicht in ihrer vollen Größe eine einheitliche Denkweise, wie zum Beispiel die Informationen von der Reise durch die verschiedenen Leben, eure Leben. Ihr habt sie so oft ertragen und gelitten, aber auch geliebt und geheiligt. Wie könnt ihr denken, dass dies alles für nichts war?

Die Leben, die ihr gelebt habt, sind registriert und aufgezeichnet wie alle der anderen Lebewesen auch. Ihr habt in all den Leben die Register gezogen, die ihr ziehen wolltet und nun ist es an der Zeit, die Ernte davon bewusst wahrzunehmen. Ihr könnt eure Leben als Film vor eurem geistigen Auge erkennen, wenn ihr dies wollt. Einfach die Hand vor die Augen zu halten, ist kein Ausweg vor der Konsequenz, die ihr verursacht habt.

Ich möchte euch sagen, dass die Konsequenz aus der Ursache eurer Taten entspringt.

So habt ihr dafür zu sorgen, dass sie gut ausfällt und milde. Die Glaubenssätze, die ihr erfindet wie:
- Kein Reich soll euch erwarten, nur die Hölle -
könnt ihr schon einmal verbannen.

Die Kirchenväter der damaligen Zeit erreichten damit die Herrschaft und wähnten sich in der Gerechtigkeit. Sie verdammten die erniedrigten Menschen in die Hölle, wo sie ihrer sicher wähnten.

Ich möchte euch raten, die Dinge und Aufgaben, die an euch getragen werden, gut zu testen und unterscheiden, wie das mit der Lehre der Liebe aussieht.

Kann es Liebe von der Kirche gewesen sein, weniger gute Aktionen der Menschen zu verurteilen und sie in eine Hölle schicken?

Ich glaube kaum, und deshalb ist es wichtig, dass ihr mit der neuen Zeit aufräumt mit solchen manipulativen

Intrigen, sie fördern nur die Trennung von den anderen Menschen, die mit mehr Glück das Leben erarbeiten.
Sie fördern die anderen durch ihr Vorbild und deshalb sei dies auch erlaubt wie zu begrüßen. Die Aufgaben der anderen sind nicht so einfach und brauchen deshalb ein wenig Geduld und Mühe, nicht die Drohung der Hölle bringt sie in die richtige Denkweise. Ihr fordert von ihnen eine Maßnahme, die ihr nicht verantworten könnt.
Lasst es, die Schwächeren und Ausgenutzten zu verurteilen, sie haben die gleichen Rechte wie jeder andere.
Ich möchte mich mit diesen Worten verabschieden und bin
euer Jan

Channel 52

Ich bin hier, um euch mit der Freiheit zu verbinden.
Bereitet euch auf die Freiheit vor, indem ihr mit all eurer Kraft die Weite in der Seele sucht.
Sucht sie mit Liebe und bereitet euch eine schöne Stätte, die jederzeit auffindbar ist.
Gebt euch nicht mit der kleinen Bereicherung ab, es soll wie eine Sucht entstehen, die ihr immer wieder befriedigen wollt. Ein Gefühl der Erweiterung und Liebe wird entstehen. Die andere Ausrichtung sei nicht erwünscht.
Begleite die Gedanken zu der Stelle hin, die du für aufbauend empfindest. Mit der Zeit ist dieser Ort für dich eine Oase des Glücks und der Freiheit. Begib dich für immer längere Zeit zu den Ruheplätzen und erreiche

damit die Ruhe und Gelassenheit, die deine Seele sich wünscht für die Ewigkeit. Keine Macht dieser Welt hat einen Einlass, wenn du nicht bereit bist, ihn zu öffnen. Ich meine, ihr könntet die Geleise für euch bestimmen und keine anderen einlassen.

Begleitet die anderen auf ihren Wegen, doch die Entspannung und Erholung ist eine Sache der einzelnen Person. Sie kann nicht die Entspannung auf die nächsten übertragen, nur einimpfen wie eine Injektion, die nachwirkt.

So steckt euch mit guten Ideen an und wertet nicht, wie der andere die verwendet, er hat eine andere Wahrnehmung als ihr.

So seid in der Liebe wie in der Achtung des anderen, jedoch nicht in seinem Aus-Leben, die ist ihm alleine vorbehalten.

Mit dieser Einleitung zu der Lektion Freiheit möchte ich es für den Moment senken lassen, um die Wirkung nicht zu überlagern, wie so vieles überlagert wird. Ich möchte euch die Anleitung für alle Fälle in die Hand geben und seid mit der nächsten Begegnung auf der Hut, was will der andere von dir.

Ist es eine Information oder ist es deine Kraft, die er für sich in eine Sache investieren will.

Du hast zwei Möglichkeiten, die eine ist zu geben und die andere zu er-geben. Das heißt die Fülle in der einen gebenden Handlung zu ergießen oder das Volle zu er-langen. Mit der Erlangung von der Handlung ergießt sich die Fülle über dich wie Gold und erreicht die Güte und Liebe. Mit der Weigerung der Handlung befreist du die andere Person durch eine Negierung von ihrer Handlung. Sie sieht sich als nichtgeliebt und -geachtet. Du hast die Wahl und freue dich, die Wahl zu haben.

Ich bin in der Dunkelheit gewesen und so bin ich nun

Licht, durch viele Erfahrungen reicher. Die Liebe hat es erarbeitet und nur die Liebe, meine Kinder des Lichtes. Ich verabschiede mich nun von euch und bleibe in Erinnerung
euer Jan

Channel 53

Liebste Kinder des Lichtes,
ich möchte euch heute die Feinheit der Klasse für die Befreiung der Seele erklären.
Die Klasse ist eine kollektive Gruppe, die mit der Verantwortung von vielen Ideen umgeht. Sie werten die verschiedenen Sachverhalte aus und sind für die Verbreitung von denselben verantwortlich.
Ich beschreibe euch hier nur, wie etwas zustande kommt für eine gemeinsame Aufgabe. Ich möchte euch zeigen, dass ihr mit der Einvernahme von vielen einzelnen Aspekten vertraut sein müsst. Ich glaube, dass genau dies der Punkt ist, woran viele gemeinsame Projekte scheitern.
Ihr könnt euch nicht einfach die Hände in den Schoss legen und denken, dass es schon irgendwie gehen würde. Die Sachlage ist oft versteckt und verwinkelt, um die Fantasie anzuregen. Ihr erlahmt sonst in eurer eigenen Entwicklung. Die Freude über ein gelungenes Projekt beflügelt euch zu Neuem.
Mit dieser kleinen Ansage erkläre ich euch das Verhalten von den verschiedenen Mitteilnehmern. Sie fungieren jeder für sich und erhalten die Anweisungen von irgendeiner höheren Regie. Die wiederum erhält die

Instruktion von der nächst höheren Stelle, die mit der eigentlichen Funktion vertraut ist. Ich möchte euch die verschiedenen Typen von Integration erklären.

Sie erhalten die Weisung und erhalten eine Anleitung. So geschieht es in der normalen Abwicklung von Erledigungen.

Wir sehen oft, dass die nicht dementsprechend ausgeführt werden und so kann keine Vereinigung entstehen. Die Vereinigung entsteht durch absolute Vertrauens- und Zuverlässigkeitsfindung. Die wiederum ergibt sich aus der Sachlage und Aufgabenverteilung. Mit viel Energie erzielt ihr viel Aufgabenertrag. Die getane Arbeit ist die Vollendung einer Angelegenheit und solange die Aufgabe nicht zu den anderen Orten und Anlegern weitergeleitet ist, besteht noch eine Lücke in der Kette, die gefüllt werden muss. Mit den Mitangestellten dieses Projektes verhält es sich wie mit der neuen Zeit, sie müssen ergründet und vertraut werden, ansonsten erreicht die Arbeit nur ein minimales Interesse.

Die neue Zeit ist auf der Ebene der neuen Ideen aufgebaut und erfordert die Aufmerksamkeit einer wachen Intelligenz. Du hast mit der neuen Zeit das Einvernehmen zu bekunden, ansonsten erreicht die Information nicht die Zelle. Sie spricht nur auf ein bejahendes Einverständnis an. Mit der Information ist es das gleiche wie mit der Idee, sie ist zu erkunden und erfahren. Die Idee führt euch mit Sicherheit zu Lösungen, die für eine Umsetzung erforderlich sind.

Verlasst euch auf den Instinkt mit Paarung von Intelligenz und Intuition.

Ich freue mich, wenn die neue Zeit euch inspiriert und befreit von Druck. Diese Information soll euch erleuchten für Hohes und Erleuchtetes. Die Hierarchie hat noch viel vor mit der Menschheit und ist für eine Zu-

sammenarbeit jederzeit erfreut.
Du hast die Entscheidung zu fällen, mit der Idee zu er-
blühen oder die Idee zu verwerfen. Mit jeder Entscheidung ent-scheidest du dich von irgendetwas anderem.
Ob gut oder schlecht, die musst du alleine fällen. Kein
Mensch kann die für den anderen übernehmen.
Ich möchte die Menschheit ermuntern, das Richtige für
sich selbst zu bestimmen, um dann dem Weg der Entscheidung zu folgen.
Mit diesen Worten verabschiede ich mich mit aller Ent-
scheidungskraft von euch und bin
euer Jan

Channel 54

Liebste Kinder des Lichtes,
ich führe euch nun in die Gebiete des kosmischen Ur-
lichtes.
Es gibt ein Ur Licht, das nie erlöschen wird, wie auch
die Planeten sich verändern oder vergehen mögen. Es
gibt die Kraft nicht, um dieses Ur Licht zu löschen. So
macht euch keine Gedanken, wie die Planeten zusam-
menspielen und die Umlaufbahnen bereisen. Ihr werdet
nie die Geheimnisse der großen Übermacht Gottes ergründen. Deshalb nutzt die Zeit des Erdenlebens für
Aufgaben wie:
Reue, Gerechtigkeit und die großen Erkenntnisse wie
zum Beispiel:
Eine Reihe von Erfahrungen ist noch keine Straße, die
breit ist wie die Unendlichkeit.
Ich möchte euch vermitteln, dass ihr mit dem Wissen

nicht weit kommt. Die Wissenschaften, die ihr betreibt, haben eine gewisse Grenze, die ihr niemals überschreiten könnt, mit welcher Methode auch immer.

Ich befürchte, nun sind viele Menschen in ihrer Einfachheit zu begrenzt, die Wahrheit dieser Unternehmung Erde zu ermitteln. Mit vielen Errungenschaften der Wissenschaften ist die Welt ein wenig reicher im Sinne von Ermittlungsresultaten geworden, jedoch die Weite der Ganzheit ist unermesslich. Um die Wissenschaft auf dem Stand zu halten, experimentieren die Menschen mit allen möglichen unzulässigen Mitteln. Sie foltern und quälen Tiere, die sie lieben sollten wie ein eigenes Familienmitglied.

Die Menschen haben nicht verstanden, dass die Natur die einzige Quelle ist, um diesen Planeten zu bewohnen. Dazu gehören auch die Tiere, die euch sehr viel beibringen können. Erachtet sie deshalb als eure Brüder und Schwestern.

Mit diesem kleinen Bericht erreiche ich hoffentlich einige Seelen, die noch wissen, wie die Welt in Zukunft sein könnte mit ihren wunderschönen Gebieten und Lebewesen.

Er-achtet sie, wie sie euch erfreuen jeden Tag mit ihrer liebevollen Lebensweise, die niemandem schadet. Die Tiere erhören die geistigen Verbündeten und deshalb erreichen sie diese Liebe und Zuwendungskraft, die ihr jeden Tag aufs Neue erfährt. Kein Tier würde von der Leitung ihrer geistigen Genossen abfallen, da sie mit ihnen kommunizieren und erfahren, wie sie sich ernähren und entwickeln können.

Diesen Vorsprung haben sie den Menschen voraus, die sich nur oder größtenteils auf sich selbst verlassen, um einen schwierigen kopflastigen Marsch im Leben anzutreten.

Wir hätten so viele gute neue Wege für euch bereit,
wenn ihr euch uns nur anvertrauen könntet. Die Wahrheit liegt oft so nahe und ihr seht sie nicht. Deshalb
erfreut euch über die Natur, die Tiere und das Pflanzenreich. Alles ist in euch, um wieder erleuchtet zu werden
durch euch, die ihr selbst einmal diese wunderbaren
Geschöpfe Gottes er-leben durftet in leiblicher Form.
Nur seid ihr ein bisschen weiter entwickelt durch euren
Verstand, der euch so viel ermöglicht. Mit diesem Verstand habt ihr die Möglichkeit, das All zu erfahren und
beleben. Die Tiere erleben nur die eigenen Gefühle und
er-leben dadurch das All. Das ist der Unterschied zwischen den wunderbaren Geschöpfen Tier und Mensch.
Die Hierarchie lässt euch in Licht und Liebe grüßen.

Channel 55

Liebste Kinder des Lichtes,
ihr habt mit der neuen Zeit die Chance, ein neues Leben für euch zu beginnen.
Arbeitet an euch und werdet zu Kindern Gottes.
Die Erwartungshaltung ist die, die euch auf den Punkt
der Erzeugung bringt. Erwartet von den anderen weniger als von euch. Die Erwartung an einen anderen
Menschen erzeugt nur Verantwortung für die andere
Person und das heißt entgegengesetzt zu arbeiten. Die
richtige Arbeitsweise wäre das Austauschen von den
bestimmten Arbeitszonen. Doch oft kompliziert die
Kommunikation die Angelegenheit mit ihren Vernunft-
plädoyes.
Ich schlage vor, dass die Gefühle in erster Linie eine

wichtige Rolle einnehmen sollten. An zweiter Stelle die anliegenden Erwartungen in die andere Person. Du hast mit der Erwartung eine Grenze gezogen, die nicht für das Wachstum Erfahrung heißt. Du hast mit den Einmischungen in andere Mitmenschen immer die Grenze für dich zu ziehen, wie das auch für die Annehmung von Grenzsetzungen der Fall ist - eigene zu ziehen wäre besser. Die anderen ziehen sie nicht für die eigene Belehrung gerade, sie entscheiden die ihrigen mit den eigenen Vorzügen und Wünschen. Du hast viel einfacheres Spiel, wenn du die anderen in ihrem Sein unterstützt und nicht die eigene Wahrnehmung einbringst.

So denke für dich und nicht für den Nächsten. Die Idee entsteht bei demjenigen, der sie erfahren soll.

Ich möchte mich mit diesen Worten an euch Lieben und Liebende verabschieden und erhoffe mir die schönste Zeit mit den Erfahrung-suchenden Menschen, die sich erfahren wollen.

In Licht und Liebe

Euer Jan

Channel 56

Liebste Kinder des Lichtes,

erlaubt mir, euch die Zeichen der Herrlichkeit Gottes zu erläutern. Ich möchte euch mit der Zeit des Liebens bekanntmachen. Sie ist die Zeit, in der ihr mit Gefühl und Verantwortung eine Energie erlebt, um sie weiterzuleiten in die Mitmenschen, Tiere und Naturwesen. Ich habe eine Aufgabe, die euch mit den Energien verbindet und eine Herausforderung darstellt. Um die richtigen Aufgaben zu erfühlen, muss eine Menge an Informationen über die betreffende Person daliegen. Wir betätigen uns aus den Chroniken der Jahrhunderte und den Informationen von dem jetzigen gelebten Leben. Wir erfühlen die Person, um das richtige Programm für sie zusammenzustellen. Die Aufgaben sind vielfältig wie auch frei entgegenzunehmen von euch, den Ausführenden. Wir haben viele verschiedene Bereiche, in denen ihr euch mit der Arbeit an der neuen Zeit betätigen könnt.

Nicht nur eine wichtige, sondern eine notwendige Arbeit wird es sein, das Netz der Willigen und Suchenden einzusammeln, um sie auf die kommende Zeit einzuarbeiten. Mit der gemeinsamen Hilfe habt ihr eine Chance, den Planeten mit seinen Schönheiten in aller Würde zu entlasten, damit er euch weiterhin beherbergt und ernährt. Die wichtigste Aufgabe wird es sein, das Meer der Willigen in allen Himmelsrichtungen zu erkennen, um die angehenden Sorgen und Erfahrungen untereinander zu teilen. Ich habe eine Aufgabe, die mit euren Interessen übereinstimmt. Ich bearbeite sie sozusagen und erfülle den Plan der Echtheit.

Um die neue Zeit einzuläuten, erfolgt eine Ruhezeit, die nicht zu durchbrechen ist. Um eine neue Zeit zu erschaffen, braucht es viel Anstrengung und Macht, die nicht in die falschen Hände gelegt werden darf.

So gebt die Kraft eurer eigenen Eingebung in eure Hände und verfolgt sie hartnäckig mit viel Liebe und Aufmerksamkeit.

Die Anstrengung ist der Ruhm der Ungebrochenen und gebärt eine Ungebrochenheit.

Mit viel Elan erntet ihr Elan und mit Nichts-tun - nichts.

So ist die Welt mit den Gesetzen von jeder Handlung

eingestuft.

Die Hohen - Hohes
die Niedrigen - Niedriges
Ich möchte mich mit diesen Worten verabschieden und
freue mich, die Hohen mit ihren Anstrengungen zu begrüßen.
Euer Jan

Channel 57

Liebe Kinder des Lichtes,
ich habe euch einiges zu berichten.
Wir haben die Tage der Erneuerung vor uns und begleiten euch mit Licht und Liebe.
Ihr sollt die Tage mit ihren Abschnitten in eure Herzen
lassen und sie nicht für eine achtsame Unwichtigkeit
vernachlässigen. Ich habe euch eine reiche Ernte an-
zubieten und freue mich über die Arbeit, die keine ist.
Ich habe die Aufgabe angenommen, in euren Zeiten die
Menschen in ihrer Entwicklung zu unterstützen und bin
mit Herz und Seele dabei. Ich möchte mit dieser Verbindung eine gute Zusammenarbeit von der diesseiti-
gen zur jenseitigen Welt einbringen. Ich habe die Möglichkeit, das System zu erfassen und ihr habt die Chance, die andere Welt mit ihren einzigartigen verwunschenen Energien zu erfahren und erkennen. Ich habe
mit diesem Vorhaben eine Reihe von der neuen Zeit
herüberzubringen. Damit ihr alles versteht, bereite ich
die Aussagen in feiner energetischer Form zu und erreiche euch dann durch die Worte in gechannelter
Form. Mit dieser Methode arbeiten wir alle und begin-

nen das Aufbauen mit einem Medium, das die Fähigkeit besitzt, uns zu vernehmen in irgendeiner Form. Meistens ist die Übertragung vom einem zum andern einfach. Die hörende Person erhält die Antwort auf Fragen in der Form von einem Satz oder der einzelnen Buchstaben. Die geforderten Antworten erreichen uns die Mittler in Essenzschnelle, das heißt, je besser die Fragestellung, desto vervielfachter die Geschwindigkeit unserer Antwort.

Mit diesen Hinweisen wollte ich euch eine Vermittlung in unsere Sphären aufzeigen. Die anderen Aufmerksamen, die mit euch und uns in Verbindung stehen, haben die Wahl zwischen verstehen und anerkennen - oder die Ablehnung. Dies bedeutet für uns eine Absage und wir verhalten uns dementsprechend neutral, bis vielleicht wieder ein Interesse erscheint und uns in einer Form erscheint.

Du hast mit der Liebe zu uns die Wege freigemacht und dich für die Hohen Meister entschieden. So konnten wir mit dir die Reise in den Erkennungskanal unternehmen. Leise hat die Stimme in dir gefunkt und wir erkennen uns gegenseitig in Energieform. Du hast die Zeit der Stunden genutzt und uns eine Möglichkeit gegeben, das Gesagte zu empfangen und erhalten. Wir werden die weiteren Jahre und in Ferne die Lichtjahre in ewiger Form miteinander verbunden sein.

Denkt an euren Aufstieg und verbreitet die Kunde in alle Richtungen und erntet die angenehme Friedensbotschaft in euch. Die reiche Ernte ist euer Lohn für die Anstrengungen und Leistungen.

Wir belohnen mit Gefühlen und nicht mit materiellem Reichtum, der wieder vergeht. Wir haben die Gefühle, die ihr sucht und oft verloren habt, in uns und können die euch jederzeit vermitteln. Zum Einsetzen müsst ihr

nur den offenen Willen zeigen und wir überschütten euch mit Liebe und Zuneigung, die so oft fehlen.
Ich freue mich, wenn die Nachricht von einer bittenden Person zu uns gelangt und wir dürfen dann erfüllen, was sein darf. Natürlich nicht alles, jedoch die meisten Wünsche sind erfüllbar.
Mit diesen Worten verabschiede ich mich von euch und freue mich, die nächsten Ermittlungen für euch zu führen.
In Licht und Liebe
euer Jan

Channel 58

Mit diesem Licht heute früh möchte ich euch begrüßen. Erreicht dieses Licht in euch auch ohne Sonne. Das ist das wahre Erkennen und die Freiheit des Fühlens.
Ich möchte euch die Geheimnisse des Alls erklären mit ihren vielen feinen, geästelten Verstrebungen. Wir gehören in die Galaxie, die uns trägt und verbindet. Sie, die ersten der Galaxaner sind die großen Tiere, das Meer und die Erde in ihrer Urform. So hat sie sich entwickelt und gebärt inzwischen eine Reihe von neuen Tierarten und erneuerten Menschen, die sich durch viele tausend Male inkarnierten und entwickelten in ihrer Urgestalt. Die hieß, noch Erfahrungen sammeln und reifen zu dem Zeitpunkt, der die Reihe der Inkarnationen und Erfahrungsreisen beendet, um in das Reich der inneren Einheit, der Ewigkeit zu finden.
Wir führen euch und begleiten euch, um die Inkarnationen gültig abzuschließen. Es gibt keine Eile oder frühe-

re Einberufung als die Vorgesehene, wie die Entwicklung des einzelnen von statten geht. Die Geistige Welt ist für die Organisation der verschiedenen Aufgaben betraut und verteilt dementsprechend die Ämter an die einzelnen Aufgabensteller. Wir haben mit der Aufgabenstellung nichts zu tun, die erarbeitet die Hohe Geistige Vereinigung. Sie hat die Übersicht von allem und jedem.

Mit einer vereinbarten vereinten Regel der Unumstößlichkeit bereiten sie die eventuell eintreffenden Formen und Fakten zu, die an die Menschen abgegeben werden, die sie erfahren sollen mit allen Konsequenzen.

Die Regel ist, dass die Erarbeitung von einigen erstellt wird, um Fehler in der Erstellung auszuschließen. Sie beraten und finden die besten Aufgaben heraus, um eine Entwicklung zu erschaffen. In der ersten gemeinschaftlichen Arbeit erwartet die Menschen noch einfache verschiedene Aufgaben, die sie zu erfahren haben. Mit der Zeit der Inkarnationen verschieben die sich auf viel Eigenverantwortung und zugleich Vertrauen in die eigene Tat.

So wachsen die Bereiche und die erstellten Zeiten, in der diese erfahren werden mögen, werden in den meisten Fällen als Druck und Drang erlebt. Dieser Druck erzeugt das Phänomen der Angst, die wiederum lähmt. Dann erscheint dieser Mensch mit seinen Problemen bei einem Psychologen und erhofft sich Erklärung durch seine Person, die nur das Wissen der Vorgänger in die Arbeit einbringt.

Es entsteht eine hilflose Unzufriedenheit, die wiederum in der Atmosphäre einige Streifen und Unreinheiten verursacht. Dann erscheint die lebensrettende Allmacht der Regierung. Die setzt neue Regeln auf, um diese Verschmutzungen zu eliminieren oder verringern.

Die Menschheit erstickt in ihren selbst erwählten Gesetzen und Regeln, die euch nicht mehr atmen und frei handeln lassen.
Wie viele Wiesen und Felder stehen unter einem Privatschild?
Die Menschen ver-bauen sich die Welt mit ihren Schönheiten selbst.
Ich möchte mich mit diesen Worten verabschieden und erwarte in Kürze die folgenden Berichte.
In Licht und Liebe
euer Jan

Channel 59

Ich möchte euch heute mitteilen, dass die Erde mit ihren Mitbewohnern eine Einheit ist, die nicht voneinander zu trennen ist. Mit dieser Einheit habt ihr alle noch so kleinen und nichtigen Lebewesen als eure Brüder wie Schwestern zu betrachten.
Ereifert nicht so sehr an eurem großartigen Verstand. Die ersten Anzeichen von Hochmut ereilen die Menschen über den Verstand. Sie denken, dass die Kinder mit der größten Intelligenz die am weitesten entwickelten sind. Da ist eine Täuschung dahinter, die euch eine reine Illusion beschert. Hinter dieser Illusion steckt das verwunschene Denken. Dieses Denken erlaubt euch keine anständige, unglaubliche Denkweise mehr. Deshalb ist die Art des Denkens von immenser Wichtigkeit. Erhaltet eure Denkweise wie die Kinder - erntet wie sie eine Vielzahl von leichten, heiteren Stunden und seid in euch glücklich. Die Kinder erreichen mit ihren Hoff-

nungen mehr als die Erwachsenen. Sie fühlen sich in den Wunsch ein und heißen die Antwort mit viel Glauben willkommen.

Die neuen Erdenbewohner erhalten viele Informationen, die sie mit ihrer einfachen Ausdrucksweise weiterleiten. Die Erwachsenen sind oft nicht in der Lage, die Worte der Kinder zu entschlüsseln und verzweifeln an ihren unverständlichen Auftritten mit Wut. Du hast versucht, die Aufnahme von deinem Enkel zu erkennen, indem du ihn in seiner Sprache erzählen ließest. So hat eine Kommunikation stattfinden können. Die anderen Erwachsenen erhalten einige wenige Sätze von ihnen unbekanntem Material und sind aus der Rede nicht schlau geworden. Sie ermahnen das Kind, die Wirklichkeit zu erzählen und übersehen, dass die Wirklichkeit, von der sie sprechen, nicht die Wirklichkeit ist.

Mit dieser Geschichte der wahren Aufnahme von Informationen ist die reine Seele im Vorteil, da sie nicht von der eigenen Wahrnehmung beeinflusst ist. Die reine Seele hat die Vorzüge, dass sie erreicht, was sie will, da sie die göttliche Eingebung erhält. Die eigene ist oft nicht die Göttliche.

So erübrigt sich die Antwort auf Gelingen - oder nicht? Das Wahre kommt aus der Wahrheit heraus und verabscheut die Unwahrheit in jeder Form, also auch in der Form eines Wunsches.

Die Liste ist lang von den nichtgewährten Erfüllungen und schützt die Menschen. Sie können oft nicht ersehen, was ein ausgeführter Wunsch in ihrem Leben verursachen würde. Sie würden, wenn sie es wüssten, die Wünsche in eine andere Richtung wählen, nicht in die eines Unglückes.

Du hast die verwunschene Denkweise des Kindes zu anerkennen und nicht die eigene vorzuleben, die nicht

mit der Göttlichen übereinstimmt. Erhalte dir dein kind-
liches Wunschdenken in allem und jedem. So erreicht
der Mensch die göttliche Einheit und sein ewiges Le-
ben.
Mit diesen Worten erhoffe ich ein verständnisvolles
Leben mit den Jungen wie den Alten der Gemeinschaft.
Heute verabschiede ich mich und bleibe in eurer An-
dacht bei allem und jedem.
Mit Licht und Liebe
Hierarchie   euer Jan

Channel 60

Ich möchte euch mitteilen, dass wir in der Geistigen
Welt eine Ordnung der göttlichen Harmonie erleben
und dürfen sie jederzeit weiterleiten in die verschiedenen Arten und Bewohner der Planeten. Mit eurer Hilfe
gelangen sie dann in eure Zentren, die Chakren, die
wichtig sind für das Wohlbefinden und die Gesundheit
der lebenden Wesen.
Ihr seid lebende Wesen, die mit der neuen Zeit, die an-
kommt, nicht nur verstehen sollt, was ihr zu euch
nehmt, sondern auch die Aufgaben in alle anderen Bereiche annehmt. Das heißt, die Dinge der Evolution, die
von statten gehen, mit Ge-Wissen und Ver-Antwortung
zu erledigen. Ich möchte euch dabei behilflich sein, die
Dinge in eurem Leben zu ordnen.
Nur durch die einfache An-nahme der Hin-weise erhält
ihr die Antwort in euch, um sie umzusetzen in die Taten. So erreicht ihr die Stufe der Lehre und achtet in
Zukunft auf die neue hinweisbringende Botschaft, die

euch weiterleitet zu einer Tat. Mit dieser Tat erfreut ihr uns und euch, die mit der Tat eine Botschaft beantwortet habt. Die Sicherung für diese Ausführung erhält ihr durch eine geführte Anerkennung, die euch bevollmächtigt, das Universum in Licht und Liebe zu erfahren und erleben. Durch diese Anerkennung habt ihr Freiheiten, die nicht zu vergleichen sind mit einer geschenkten Freiheit. Deshalb er-arbeitet euch die Ziele und vergleicht danach euer Einvernehmen mit der Welt und ihren Bewohnern. Ich habe die Aufgabe, die Richtungen zu koordinieren, die noch zu entdecken und behandeln sind.

Freut euch darüber!

Es ist nicht so schwierig, wie ihr das euch vorstellt. Die Helfer sind alle in Position und erfahren gerne dieselben Erfahrungen wie ihr. Mit eurer Hilfe ist es ihnen möglich, die Sphären der Erweiterung zu erklimmen. Die sind für sie nur durch die Anfrage eines Menschen zu erreichen. Um ihnen Unterstützung zu gewähren, braucht es eine Einwilligung der geistigen Führung und verpflichtet sie dann für diese Zeit bei derjenigen Person zu verbleiben, bis die Unterweisung abgeschlossen und vollendet ist. Mit dieser Vollendung ist eine Reifeprüfung abgeschlossen worden für die Hilfe wie für den Beantragenden. Nun ist die Zeit der weiteren Wandlung und Reifung eingetreten für beide an die Lektion gebundenen Wesen im Körper und Frei-Lebenden in den Sphären.

Wir erachten diese Zusammenspiele als sehr wertvoll und sind auf die nächsten weiteren Anfragen der Menschen in unsere Reiche gespannt und helfen wie immer mit Licht und Liebe.

Hierarchie   euer Jan

Channel 61

Liebste Kinder des Lichtes,
ich möchte euch die Zeit, in der ihr mit der Geistigen
Welt und ihren Einwohnern in dem Sinn in Kontakt
seid, mit vielen Neuigkeiten aufheitern. Ihr lernt mit uns
die Waage zwischen Tun und Nicht-tun zu halten.
Arbeitet wie gedacht und seid in Ruhe und Erholung
wie gespürt. Der Körper und die Psyche erkennen dies
vor dem Verstand. Der sagt euch oft Dinge, die nicht
die Wahrheit beinhaltet.
Mensch und Tier unterscheiden sich durch diese gefühlten Sensoren, die sie erhalten und auch einhalten.
Nicht wie die Menschen, die mit viel Kraft die Grenze
überschreiten und mit den Kräften schlecht haushal-
ten. Sie könnten nur die Ziele ein wenig näher stecken
und schon ist der Weg nicht so lange dahin. Die nahen
Ziele sind weniger anstrengend zu erreichen. Wieso
erreicht ein Mensch mit einer längeren Ausdauer die
Zielgerade mit genug Kraft und der Nächste mit aller
Mühe und weniger Kraft? Weil er sich und seinen Körper nicht überschätzt oder überfordert. Die Trainings-
einheit sagt der Körper und nicht der Verstand. So sind
die unterschiedlichen Kräfteerträge von der Einheit
Körper-Seele beeinflusst. Begebt euch in die richtige
Anfühl- und Einfühlperspektive, die ermöglicht euch
die richtige Einschätzung von Art und gesunder Lebensweise.
Mit dieser kurzen Einführung habt ihr die richtige Ein-

schätzung eurer Kräfte und fördert die Gesundheit. Ich möchte die vielen Gesundheitsfanatiker aufrufen, die Geschichte dieser Epoche nicht mit der anderer zu vergleichen. Die Anforderungen und Aufnahmefähigkeit der heutigen Menschheit geschehen auf einer anderen Ebene. Deshalb ist die potentielle Energie, an der die heutige Menschheit leidet, nicht zu übersehen. Die Wirkungen zeigen sich an der neuen Medizin, die nur lindert, aber nicht heilt, da die Ur-Sache nicht behoben ist.

Ich möchte euch raten, die Hände und Füße mit eurer Medizin einzureiben, den wohltuenden, reinen Glücksessenzen, die haufenweise in euch vorhanden sind. Achtet nicht auf die anderen Meinungen, davon sind viele nur für sie bestimmt und nicht für das andere Individuum.

Ich möchte euch mit dieser Predigt nicht zu nahe kommen, doch die Interessen in die Richtung Medizin erschlaffen bei der Vorstellung der einheitlichen, ganzheitlichen Methode.

Du hast mit der einzigen Wahrheit und Segnung der göttlichen Hilfe eine Verbindung, sobald du die Krankheit in eine Behandlung wünschst. So entstehen die Hilfen und Heilungen - durch Gottes Gnade und Liebe. Die Heilmethoden in einem beinhalten die Essenz Gottes.

Nur die eine ist ausgeschlossen, die der Fabrikhergestellten, die mit einer Regie der eigenen Macht wie Herrschaft erfunden und hergestellt sind. Die Produkte in dieser Form erhalten die Macht Gottes nicht, da sie für eine Sache erzeugt wurden anstatt gegen.

Erschreckt nicht, die Geistige Welt hat für diese Unreinen eine Lösung, in der sie mit der Krankheit eine andere Erfahrung machen müssen, die sie sich auferlegt haben dadurch. Ich betone, dass sie sich diese Erfahrung und die damit verbundenen unschönen Arten von Leid selbst auferlegten.

So ergebt euch in die Medizin Gottes, die mit Liebe und Achtung vor den Menschen einhergeht.

Mit der heutigen Forschung ist es wie mit der Straße, die nicht geteert ist, sie holpert über die eigene Macht und Intoleranz. Vor lauter Unfug.

und Übermut ist der Mensch nicht mehr achtungswürdig, da er eine Figur darstellt, um die Gelüste zu befriedigen.

Ich hätte noch viele solcher Beispiele, jedoch die Lektion über eine gestolperte Idee ist genug. Ich möchte mich mit diesen nicht sehr schönen Aspekten verabschieden und die Willigen in einer neuen Séance wieder herzlich begrüßen.

Achtet auf eure Gesundheit - sie ist euer Pferd.

Euer Jan

Channel 62

Liebste Kinder des Lichtes,
ich möchte euch in meine Arme schließen, um euch zu zeigen, was diese Geste in dem anderen erwirkt. Die Geste bewirkt, dass die Zellen mit ihrem Licht um ein vielfaches scheinen. Nicht die Ausführung einer Geste ist gemeint, die wirkliche Zuwendung und Liebe. Ich kann euch immer nur wieder zurufen:

Gebt, gebt, gebt!

Auf eine gegebene Sache erfolgen zwei Bekommene - das ist ein Gesetz in der Geistigen Welt, also in dieser realen für euch auch. Die Gesetze im Jenseits sind nicht verschieden von den eurigen. Nur die Grundgesetze sind im Jenseits entstanden. So denkt denn bei der nächsten interessanten Neugesetzwahl an die Brüder in den Welten des Jenseits und überlegt, ob sie auch mit der Wahl einverstanden wären. Ihr habt so viele davon, dass ihr schon bald erstickt daran. Arbeitet euch rückwärts an die alten und vergewissert euch, ob sie noch gültig in diese Zeit sind. Es sind so viele Änderungen vorzunehmen, dass mit der Arbeit begonnen werden müsste. Die Gesetze von damals gelten nicht mehr, sie sollten dieser Zeit angepasst werden mit allen Konsequenzen.

Heute habe ich ein Gesetz für euch, das besagt, dass ihr die Güte und Wahrheit mit euch selbst einhalten sollt.

Begegnet euch in Licht und Liebe, nicht mit Verachtung. Das hat die Folge, dass die Vereinbarung mit der Hülle nicht möglich ist. Die Hülle, euer Körper, hat mit der Einigkeit eine wichtige Funktion, die ihr nur schwer versteht.

Die Einigkeit zwischen der Seele und dem Körper sind die Grundlagen. Ich möchte betonen, dass die Lebensweise mit der Art des Denkens übereinstimmt.

Eine kranke Lebensweise erzeugt eine kranke Denkart und umgekehrt.

Die meisten Menschen erkranken an ihren eigenen gedachten Worten, die sie auch sehr oft aussprechen. Mit dieser Wunschliste der eigenen Kreationen ist der Mensch in den eigenen Brunnen gefallen und beschuldigt einen anderen seines Leides. Ich möchte euch ans Herz legen:

Geht mit den Worten und Anschuldigungen genau ins Gericht und verfahrt wie dort mit allen Anklagepunkten:

Im Zweifelsfall für den Angeklagten.
Die Geistige Welt hat für eine Verurteilung in Liebe und
Gerechtigkeit zu sorgen mit ihren Gesetzen und nicht
irgendeiner Willkür.
Mit dieser kurzen Séance möchte ich mich verabschie-
den und freue mich auf eine schöne nächste mit den
Willigen unter euch Kindern des Lichtes.
Ich bin euer Jan

Channel 63

Liebste Kinder des Lichtes,
wir haben die Idee, dass ihr mit der folgenden Aufstel-
lung eine Hilfe für eure Belange erzielt. Mit dieser Auf-
stellung habt ihr weitere mögliche Interessen wahrzunehmen. Sie beinhalten eine Auflistung aller neuen
Aufzeichnungen von der Welt mit ihren Anforderungen.
Ich habe die Aufgabe, diese Anforderungen zu erzählen
und mit euch eine Schulstunde zu halten. Mit dieser
Idee ist eine neue Aufgabe an euch entstanden und
fordert von euch eine Menge Aufmerksamkeit. Öffnet
euer Blick und werdet einer Fülle von neuen Informationen gewahr. Habt keine Angst, die neue Welle über-
rollt euch nicht und hält viele gute Ideen für euch bereit.
Wir wollen mit der einfachsten beginnen, die heißt:
Nah-sein und nicht wie ein kleines Kind, das nicht es-
sen will, was es nicht kennt. Ich habe die Aufgabe, mit
euch die Ängste durchzugehen und eine Strategie zu
erarbeiten, wie die zu ertragen und bewältigen sind.
Habt mit euch die Angst und seid in euch mit den Ge-

fühlen. Arbeitet nicht gegen sie. Nehmt sie mit auf euren Weg und befreit die Angst wie folgt, gebt die neuen Arbeitssätze wie:
* Hüte dich, ich bin stärker *
ein und wartet auf eine Reaktion in euch. Die weiteren Male erfragt ihr nur noch die Art der Angst und befreit sie durch den gleichen Satz. Die Ängste werden weichen wie Butter in der Sonne. Ihr habt so viel Macht, dass ihr vor euch selbst Angst haben müsst.
Ich habe eine Bitte an euch, weicht nicht von eurer Meinung und mahnt die anderen zu ihren eigenen.
Ich verabschiede mich nun und freue mich, die willensstarken Genossen in voller Frische wieder zu begrüßen.
Ich bin euer Jan

Channel 64

Liebste Kinder des Lichtes,
ich habe euch heute die Engel der lichtvollen Ebene mitgebracht. Ihr sollt sie in eure Leben miteinbeziehen. Ich funktioniere auch nur mit ihrer Hilfe. Sie erwähnen immer wieder, wie sehr sie in unser Leben miteinbezogen werden möchten. Ich habe keine andere Erklärung dafür, um mit ihnen zu sein. Es ist so schön, in ihnen zu ruhen, in ihnen zu arbeiten und zu aktivieren, was so viel heißt wie interaktiv zu sein mit allem, was ich zur Verfügung habe. Ich freue mich, die Vielzahl in meinem Umfeld begrüßen zu dürfen und hoffe, ihr lädt sie ebenfalls zu euch ein - sie warten darauf, euch zu begleiten. Ihr macht so vieles ohne ihre Hilfe und seid ver-zweifelt

über eine misslungene oder nicht erreichte Angelegenheit und mit ihnen wäre es so einfach. Fragt sie einfach wie einen Freund um ihren Beistand und seid mit ihnen in einer Einheit, die wiederum erreicht ihr durch eure Einwilligung von der Mithilfe.

Er-reicht nur die Herausforderungen, die auch gefordert sind. Nehmt nicht mehr oder Nichtverantwortliche auf euch. Es ist Gottes Wille, dass ihr mit der Angelegenheit in eine achtungs- und ehrvolle Errungenschaft gelangt, in der nur ihr euch befinden sollt. So habt denn in eure Vorhaben Vertrauen und findet heraus, ob es eures ist oder ein Fremdes, das ihr nicht zu erreichen versuchen sollt. Mit diesen Worten ist eine wichtige Information entstanden, die in naher Zukunft mit voller Stärke in Kraft treten wird.

Was ist meine Aufgabe, die zu tun ist - nicht die Aufgabe, die mir an meinem Gewinn oder Rachefeldzug nützlich ist.

Ihr habt immer die Auswahlmöglichkeit und ein Nein kann wirksam sein auf viele andere Interessierte, die mit euch verkehren.

Ich habe festgestellt, dass die einfachste Interessengruppe mit den reichsten Aufgaben beschert ist. So wachst denn an jeder einzelnen und seid in euch gefestigt, was ein Gelingen und Fruchten angeht. Ihr habt alle die Möglichkeit zur Wachstumsförderung ein Paket der Aufgaben zu erhalten, indem ihr nicht scheut, das anzunehmen, was euch in die Wege gelegt wird, nicht die Wunsch-Angelegenheiten, die nicht fruchten und wachstumsfördernd sind.

Ich möchte nicht zu anstrengend werden, indem ich euch bitte, die Hilfen anzunehmen, doch eine Verneinung in dieser Situation erfährt ihr nur als ein Hindernis. Die Geistige Welt hat viele in aktiver Hilfestellung

und deshalb seid mit der Nein-Vergabe nicht so streng,
sie wählen euch auch nicht aus, ihr seid alle in Gott.
Deshalb nehmt an, was euch Gutes angeboten wird.
Ich freue mich, ein weiteres Mal in euch zu verweilen
mit den Worten der Großen Meisterschaft, die euch
liebt.
Euer Jan

Channel 65

Liebste Kinder des Lichtes,
ich habe euch heute eine Geschichte mitgebracht, die
besagt, dass ihr mit der Welt die einfachste dieser Planeten gewählt habt. Ihr habt mit der diesigen eine Wahl
getroffen, die mit der Einfachheit des Lebens besticht.
Ihr habt mit den vielen einzelnen Aufgaben, die euch
gestellt werden, eine Einheit zu bilden. Um an die ganze Sache der Aufgaben zu gelangen, müsst ihr euch
sammeln, um die Eingebungen wahrzunehmen.
Ich unterrichte euch mit Freude, um gute Gelehrte aus
euch zu machen. Die Lehre betrifft die verschiedenen
Aufträge, die ich euch vermitteln soll. So ereifert euch
denn, diese Ereignisse in das Leben einzubinden, um
gute Schüler wie Anwärter der höchsten Auszeichnung:
* Der bildenden Lehre der Heiligkeit *
zu werden. Die nennt sich so und will euch nicht eine
leere Versprechung machen.
Übt euch im Geben und gebt nie auf.
Das Sein ist die größte Erfüllung, die ihr anstreben
könnt.

Gebt nie auf, um an eine andere Angelegenheit viel Zeit und Aufwand zu vergeuden.

Ich bitte euch, macht es wie die holden Zwerge, die unentwegt eine Laufbahn zu ihrem Selbst erarbeiten. Sie wirken wie kleine Wichte und sind in ihrer Größe riesengroß. Sie arbeiten unentwegt wie ein Bienenvolk, das ihrer Königin gefallen will.

Gebt nicht auf, diese Bienenvölker zu ehren wie die Könige. Haltet sie nicht für dumm und einfältig. Sie ersetzen euch die heilige Anwesenheit von den Engeln in unsichtbarer Kleidung. Habt keine Angst vor ihnen und verbreitet diese Ansage wie ein Lauffeuer über den Planeten. Ich freue mich, wenn ihr mit der Anzahl dieser Wesen ein freundlicheres Um- und Lebensfeld schaffen könnt. Begleitet sie ohne Angst und Schrecken bei ihren Ausflügen wie den Arbeitseinsätzen, die sie ohne Aufmerksamkeitsverlust verrichten.

Wir hoffen, dass ihr mit ihnen konkurriert, indem ihr unentwegt eine Arbeit mit viel Spaß verrichtet. Die Arbeit hält euch von viel unnötigem Unfug und Geläster ab. Sie verrenkt euch die Glieder, als dass ihr gelenkig und frei in den Bewegungen bleibt.

Habt keine Angst, die Ruhephasen werden euch frei gehalten und dürfen mit gutem Gefühl eingehalten werden. Ihr ruht viel zu oft und vergesst dabei, dass ihr lebendige Wesen seid mit Fleisch und Blut. Die Blutgerinnung ist mit der Stärke der Körper identisch und verleiht euch ein gesundes Aussehen. Wie auch immer, ihr hat die Wahl zwischen Aktivität oder einer Mischung von faulem Aussenden von Gasen, die wiederum unumgänglich sind, wenn ihr euch nicht genügend bewegt und regt. Ein reger Geist hat die Erforderungen, dass er mit der Welt und ihren Bewohnern korrespondiert. Ich möchte euch eine neue Eingebung zu dem

Thema geben:
Rechnet mit der höchsten Auszeichnung der Welt, um
eine gezielte Struktur hinzukriegen, die euch erweitert
und fördert.
Ich verabschiede mich mit dieser Eingebung, die ihr
einfach mit der Annahme der Heilen Welt in euch empfängt.
So seid denn in Licht und Liebe gegrüßt.
Ich bin euer Jan

Channel 66

Liebste Kinder des Lichtes,
ich möchte euch eine meiner wahren Geschichten erzählen, die besagt, dass ich mit der neuen Zeit eine
neue Epoche erläutere.
Die Zeit hat viele verschwundene, neue und alte Mus-
ter, die mit der jetzigen Zeit übereinstimmen. Sie erfordern die wahre Annahme und nicht die verschlungene,
die ihr sehr oft wählt.
Mit der Zeit ist die Nachkriegszeit, die jetzige und zu-
künftige gemeint.
Nicht das was ist zählt, sondern die Auslegeart der einzelnen Denkweisen. Ihr habt mit der Denkart eurer
Meister die besten Chancen, das Wasser zu überqueren, ohne nass zu werden. Ich rate euch, das Wasser
mit den Lehren der Meister zu überqueren, da sie die
Wege für sich und euch schon gegangen sind. Arbeitet
an euch und bleibt mit der Lehre in euch stark.
Das Firmament erhält die Überwachung und die Fins-
ternis für das Lebendige bereit. Die Himmel erzeugen

eine feine Überdecke, die euch vor zu viel Strahlung schützen soll. Mit dieser Überdachung habt ihr Schutz vor jeglicher Nacht- und Tagstrahlung, die euch schädigen würde mit voller Macht. Die Engel der niedrigen Schwingungsbereiche erfordern viel Übermittlungskunst, diese negativen Strahlungen von euch abzuwenden. Sie möchten in ihrer Arbeit voll unterstützt und anerkannt werden. Nicht mit der Art der Strahlung müssen sie kämpfen, sondern mit der Reinheit ist die meiste Arbeit. Das Reine erfordert eine Menge an Übermittlungskunst und schmettert die negativen Zonen mit ihrer schadstoffreichen Luft in die Winde, die sie dann verfeinern und auflösen. Du hast mit der Reinigung der vielen Energien eine Aufgabe, die viel Aufwand und Reichtum an Herzlichkeit erfordert.

Mit dieser Herzlichkeit habt ihr die besten Chancen, eine gerechte Welt zu erreichen. Meidet die schlimmen Orte der Dunkelheit und führt in euch ein gutes Leben. Die unteren haben die niedrigsten Aussichten, also entscheidet euch für die oberen Stufen der Hierarchie. Ihr habt auch Hierarchien wie wir, nur nicht so geordnete. Die Ordnung, mit der wir die Heile Welt und das Universum beglücken, könnt ihr uns abschauen. Sobald ihr in euch schaut, habt ihr die Verbindung zu uns und erhält Antwort auf eure Fragen.

Direkte Fragen - direkte Antworten.

So ist die Wahl in eurer Hand. Wählt immer das Beste für euch und eure lieben Mitmenschen. Die Achtung erfolgt daraus für jeden und jede. Die Mitmenschen haben ein Anrecht auf eine gute und respektvolle Behandlung ihrerseits, nicht nur eurerseits, wie so oft erwartet.

Ich freue mich, so viele Ansprachen halten zu dürfen und erhoffe mir noch viele davon.

Die Idee ist, dass der Planet durch diese Worte mitheilt und eine Wunde der vielen wieder zuwächst. Wir werden unser Bestes geben wie auch ihr, die schon ein wenig verstanden habt, was die Heile Welt mit ihren Wundern erhofft von allen. Die Verständnisse, in der ihr lebt, haben noch sehr viele Lücken. Um die zu schließen, braucht es Schulung und Disziplin, wie schon ein kleines Lächeln von euren Lippen eine Situation erlösen kann, die mit einer steinernen Miene nicht erreicht würde.

Diese Worte erfüllen eine weise Auftragsübermittlung und erfordern meinerseits viele einzelne Lebenserfahrungen der vielen Leben auf Erden. Ich hatte viele Eindrücke und verspeiste die mit Wohlgemut. Das hieß, in der Wirklichkeit der damaligen Ereignisse zu wirken und leben.

Wir hatten die Feuer- wie die Wassereinweihungen und gingen unsere Wege in Gottes Stapfen. Heute habt ihr eigene und braucht ihn nicht, denkt ihr. Mit euren eigenen ist es wie mit der eigenen Kuh, man kann sie melken und melken und eines Tages ist sie in der jenseitigen Welt. Sie erhält euch und euer Leben solange sie lebt.

Und so ist es mit Gott - er lebt solange ihr lebt und länger.

Weshalb wählt ihr nicht eine Kraft und göttliche Führung, solange ihr lebt? Ergänzt euer Leben doch mit den wunderbaren Kräften und liebevollen Eingebungen. Ihr werdet sehen, dass ihr mit der neuen Art zu leben eine große Energie und Liebe empfängt. Gebt euch diese Chance und seid bereit, für eine Strecke mit Gott zu wandeln.

Ich hatte auch Bedenken und wurde in kurzer Zeit ein Gottes-Anbeter, der nichts mehr ohne ihn unternehmen

wollte. Zu dieser Zeit waren die Anbeter nicht geduldet und man musste um seinen Kopf bangen. Also habt ihr es jetzt einfach und eine Bekennung zu ihm ist legitim. Zu guter Letzt habe ich euch noch mitzuteilen, dass der Regen und die Sonne nicht durch euch erscheinen. Also gibt es doch keine eigenen Kräfte - oder?
Ich verabschiede mich mit diesen Worten und möchte die Einsichtigen in aller Liebe einladen, das nächste Mal die Runde zu besuchen.
Ich bin in Licht und Liebe
euer Jan

Channel 67

Liebste Kinder des Lichtes,
ich möchte euch mit dieser Mitteilung helfen, ein eigenes Innenleben zu erarbeiten. Mit den Fächern:
* Leben und Hilfe *
bekommt ihr eine Einsicht in euer Innerstes.
Gebt nicht auf, bevor ihr nicht das gelbe vom Ei gefunden habt. Es ist oft versteckt und liegt in der Tiefe begraben. Mit ein wenig Hilfe von unserer Seite habt ihr eine gute Möglichkeit, die inneren wahren Werte erfassen zu können. Ich möchte euch die Aufgabe erleichtern.
Um an die Ahnen zu gelangen, könnt ihr mit ihnen einfach sein, wie damals, als sie noch in eurer Mitte gelebt haben.
Sie verließen nicht euch, sondern ihren Körper.
Mit diesem Akt seid ihr durchgetrennt. Im Sinne von Heil- und Lebensakt wird nie eine Trennung stattfinden.

Ihr nehmt sie nicht mit den Augen wahr und deshalb
sind sie für eure Begriffe nicht mehr anwesend.
In voller Größe und mit liebenden Augen nehmen sie
euch wahr. In irgendeiner Zeit wird die Vereinigung
stattfinden, indem ihr euch wieder sehen werdet wie
damals, als ihr auf der Erde vereint wart. So erwartet
denn nicht von der Geistigen Welt, dass die Dinge in
alle Einzelheiten erklärt werden. Erfahrt es in euch und
seid mit den lieben Verstorbenen in Licht und Liebe
vereint. So zweifelt nicht an der Fähigkeit, das Universum als ein Ganzes zu erfassen. Die Trennung liegt nur
bei euch. Erdet euch und seid mit der Geistigen Welt in
Verbindung wie eine Blume, die den Hals zum Himmel
reckt und die Wurzeln das Erdreich erspürt, um Nahrung aufzunehmen. Die Geistige Welt mit ihren Vorzügen ermahnt euch, nicht locker zu lassen im Ergründen
der Seele. Sie erschließt euch eine Welt, die euch erfüllt
und reich macht in Geist und Seele.
Arbeitet an euch mit Liebe und nicht mit Kampf.
Es bedeutet zu leben, wenn ihr mit euch korrespondiert
wie zwei sprechende Menschen. Sie empfangen voneinander Worte und die geistige Sprache ist dieselbe, nur
auf Gedankenebene.
So seid denn in Licht und Liebe gegrüßt von
eurem Jan

Channel 68

Liebste Kinder des Lichtes,
ich habe eine Neuigkeit für euch bereit, die ihr be-

stimmt gerne hört.

Mit euren Anlagen, die ihr in die Wiege gelegt bekamt, habt ihr eine eigene Veranlagung, die mit niemandem eins ist. So seid euch bewusst, dass die Anlagen einzigartig sind auf der ganzen Welt. Dies könnt ihr glauben und ehren wie auch den Umstand, dass diese nicht vergänglich sind. Sie sind nur vergänglich in dem Sinne, dass ihr sie nicht verwaltet und achtet wie Goldstücke. Ehrt sie in allen Tönen und Farben - sie haben es verdient. Gebt ihnen täglich die Achtung, die ihr erwartet von jemandem. Gebt ihnen Nahrung, wie ihr das täglich braucht. Mit dieser Hingabe erhält ihr eine enge Beziehung und Ehrgefühl wie für einen König. Dieser König wird es dann sein, der euch in allen Tönen und Farben ehrt in seiner Anerkennung.

Ich möchte euch nie die Gefühle für euch nehmen. Achtet sie in jeder Form. Das ist wichtig, um eine Gleichheit und Fülle des Menschen erreichen zu können. Mit dieser Einlage erscheint die Weisung und Schulung fast überflüssig, doch eine wertvolle Bereicherung ist nie falsch.

Du hast mit der ganzen Welt eine Verbindung und deshalb ist eine einfache, natürliche Sprache, die jeder versteht, wichtig - keine gehobene, die nur eine Verwirrung stiftet. Achtet in eurer Sprache, um die Menschen nicht zu erdrücken, auf eine gereinigte und klare Ausdrucksweise. Sie erleichtert euch einiges und erspart die Aufklärung von Ausdrucksmöglichkeiten - wählt nur Einfaches und Wahres.

Die Geistige Welt hat keine Allüren und Ambitionen mehr, sie sind einfach und nichts anderes. Die Welt benötigt eine reine Sprache, die ver-standen wird von jedermann. Nicht die Worte der Aussage sind wichtig, sondern die Auslegung in Gefühl wie in der Betonung.

Nur die klaren Sätze erreichen ein Zentrum in eurem Hirn, das alles erfasst und auseinanderpflückt - wie Beere und Stiel getrennt werden, um es verzehren zu können. Mit der einfachen Sprache er-reicht ihr eine Menge der Hirnzellen, die es gleich aufnehmen mit Leichtigkeit, wie mit der Engelshand eingegeben. Du hast viele Wörter, die nicht verstanden werden von der neuen, erzeugten Menschheit. Sie er-reichen sie nicht, da sie nicht für diese unübersichtliche Flut eingestellt sind. Erarbeitet euch deshalb die Aussagen in klarerer Form - die verstehen sie, obwohl die Sätze und Aussa-gen dieselben Inhalte tragen.

Mit dieser Lektion ist eine neue Verfassung entstanden, wie die Verfassungen in euren Gesetzen. Sie stehen geschrieben und erwirken die eine oder andere Regung in euch, wie das auch mit dieser geschriebenen An-sprache ist. Es ist in euch erschienen und wirkt auf die Menschheit, die mit allem und jedem eine Verbindung eingeht in dem Moment der Kontaktaufnahme. So seid denn gewiss, dass die Geistige Welt mit ihren Einge-bungen nicht verletzend oder eingreifend ist. Keine Weltmacht und keine elementare Macht erreicht in euch eine Ver-Änderung, außer ihr selbst mit Gottes Hilfe.
Hierarchie   euer Jan

Channel 69

Liebe Kinder des Lichtes,
ihr habt die Zone des Verständnisses, in der ihr lebt, als eine stetige Wachstumsperiode erlebt. Nehmt es als eine wichtige Erkenntnis, wenn ihr mit der eigenen In-

teresseeignung so weit gehen könnt, wie ihr wollt, nicht wie irgendjemand möchte. So erweitert ihr euch und wächst fortwährend. Erweitert euch mit Wohlwollen, nicht mit Druck und Verbissenheit. Dies führt euch nur in die verschiedenen dunklen Zwischengänge, die euch verwirren in eurer Suche. Verbringt viel Zeit mit der neuen Denkweise, die besagt, dass ihr eine Einheit von Völkern seid. Mit dieser Denkweise ist die Vereinigung gewährleistet, die es braucht, um eine Nation zu kreieren, die miteinander verkehrt. Die Zeiten der einzelnen Gänge und Aktionen sind vorbei. Sie existieren nur noch in den Köpfen, wie auch die verschiedenen Anliegen der einzelnen. Diese Anliegen sind oft Vertreter von vielen anderen auch. So gibt es also keine einzelnen Anliegen mehr, da die Masse eintritt, um gerechtere und geläuterte Maßnahmen zu fordern. Mit der altweisen Geschichte will keiner mehr konfrontiert werden, da die weise Geschichte der jetzigen Zeit wichtig ist. Keiner kann ihr entfliehen - die Geschichte ist aus jeder einzelnen Person zusammengesetzt und beruft sich auf die einzelne Biografie, die wiederum eine Welle der Selbstbeteuerung auslöst. Mit dieser seid ihr, jeder einzelne von euch fähig, eine bessere Welt zu kreieren mit Gottes Hilfe.

Um die Welt zu ver-ändern braucht ihr nichts außer eure Intelligenz und euren Verstand, der euch richtig leitet.

So erinnert euch an eine schöne Geschichte mit gutem Ausgang, wenn ihr wieder einmal mit der Kraft und der Weisheit für eine Angelegenheit nicht mehr weiter wisst. Erinnert euch an gute Stunden, die ihr mit den Freunden und Familienangehörigen verbracht habt. Die zählen am Schluss und ihr werdet euch mit ihnen verbünden, um Kraft zu schöpfen für neue Aufgaben wie

Anforderungen.
Ich möchte mich mit diesen Worten verabschieden und
freue mich auf weitere Stunden mit euch.
Mit Licht und Liebe
euer Jan

Channel 70

Liebstes Kind,
ich möchte dir sagen, dass die Welt mit der ganzen In-
dustrie und der Pharmazie ein Haufen von der einheitlichen Bilanz ist, dass es nicht reicht, Dinge herzustel-
len, um sie dann an die Menschheit zu verkaufen. Die
Herstellung soll die Menschheit in jede Richtung unterstützen und nicht erschlagen. Ihr habt viele interessante Anhäufungen, die bestimmt den Menschen in seiner
täglichen Arbeit unterstützen, jedoch viele der Anhäufungen sind absolut überflüssig. Sie bereichern euch
nicht, sondern erfüllen in euch leere Hoffnung auf die
Erfüllung und Segnung, die ihr dadurch nicht erhält.
Ich erkläre euch, weshalb die Herstellung und Anbie-
tung in einem Gleichmaß sein sollte.
Es handelt sich um eine einfache Erklärung und die
heißt:
* Glaube an die Dinge *
Sie sollen euch eine Glaubenskraft geben, die euch bereichert wie erfüllt. Gebt nicht Dinge in eine Produktion,
die diese Anforderung nicht erfüllen. Und somit ist
klargestellt, dass mit der neuen Produktion eine neue,
erfüllte Energie zustande kommt, die nicht abhängig
ist, zu verkaufen und damit Geld verdienen zu müssen.

Ihr habt die Dinge, an denen ihr Geld verdienen könnt, aus eigenem Desinteresse aus euren Gedanken vertrieben.

Die Arbeit, die wartet, ist euer Gehalt und euer Einkommen.

Nicht die verdrehten Interessen, die euch nicht zur Erfüllung begleiten können, da sie nicht in der reinen göttlichen Energie gehalten sind. Für eure Begriffe ist eine göttliche reine Energie eine aufeinander gehäufte interessante Geschichte, die mit Gott so wenig zu tun hat wie eine Zwetschge mit der Milch der Kuh. So seid ihr in eurer Denkweise bis zu einem gewissen Grad begabt und in der nächsten verführerischen Ecke wieder gutgläubig und infantil.

Wie denkt ihr, wollt ihr eine nächste Inkarnation anfangen?

Mit einer weisen und erfahrenen Seele oder wieder wie die jetzige in Unwissenheit und Ignoranz?

Ich möchte euch die Worte an die Herzen legen, obwohl sie wahrscheinlich die einigen unter euch getroffen haben in ihrer Erhabenheit.

Mit Erhabenheit ist noch kein Kind erzeugt oder eine Ernte eingeholt worden.

Mit diesen Worten will ich euch klarmachen, dass ihr nie! fertig seid mit eurer Belehrung und Weiterschulung. Diese Lektion ist eine von sehr vielen, die ihr noch zu absolvieren habt.

Mit diesen Worten erledige ich nur meine Aufgabe, die euch bereichern soll in eurer Atmosphäre, die mit göttlicher Luft und göttlichem Segen erfüllt ist. Erklärt die anderen nicht für unsensibel und unnütz, sie existieren wie ihr in dieser Welt und seid ein Teil von ihnen.

Ich möchte mit diesen Worten die Tat ansprechen, die ihr vollbringen sollt - nicht die Worte, die nicht zur Tat

schreiten.
Ihr sollt Tun - ein Wort, das alles sagt.
Ich bin euer Jan in Licht und Liebe

Channel 71

Liebstes Kind des Lichtes,
ich habe die Neuigkeit des Jahres und möchte dir sagen, dass die ver-suchte Lösung eines Problems schon
reicht, um eine Welle der Ver-Suchungen auszulösen.
Ereifert euch an der Problemlösung und die Resultate
sind in Nähe. Ergebt euch nicht in der Niederlage, die
euch wiederum ver-sucht, indem sie euch ver-mittelt,
keine Lösung sei in Sicht.
Du hast mit der Zeit eine Verbündete und die gibt dir
immer wieder die Nachhilfe, die du brauchst, um mit
der Zeit die wahre Lösung und Ver-Mittlung zu erfassen. Die wahre Vermittlung ist wie eine Zeitmaschine,
die mit einer Riesengeschwindigkeit durch die Neuzeit
flitzt und die Menschen in neue Er-Wartungen versetzt.
Sie beinhalten alles, was mit der neuen Zeit zu tun hat,
wie zum Beispiel neue Gesetze, die menschenfreund-
lich sind und nicht verurteilen, wo es keine Verurteilung gibt. Die Verurteilten erreichen nur neue Erfindun-
gen, um ihren Hass und ihre Wut loszuwerden. Sie
müssen die Möglichkeit bekommen, um anständige
Menschen zu werden, die Strafe in Freiheit und mit
Maßnahmen abzubüßen. Dies hieße, keine Gefängnisse, die mit ihrer Kriminalität an oberster Stelle stehen.
Um eine dieser Gesetze einhalten zu können, braucht
es viele Aufpasser, die mit dieser Person Aufsicht hal-

ten und um diese Aufsicht zu gewährleisten, braucht es die Aufgabenstellung genau zu kennen. Umsonst ist die Leitung und Aufsicht, wenn die Aufgabe nicht klar und deutlich verstanden und ausgeführt ist.

Mit dieser kleinen Predigt ist eine weitere Aufgabe auf euch zugekommen:

Schafft die Gefängnisse ab, sie erdrücken und töten den Menschen, um ihn gesellschaftsfähig zu machen. Wie soll dies denn erfolgen nach einer Malträtierung von Seele und Geist?

Ich habe noch viele solcher interessanten wie unvollständigen Gesetze in eurer Welt entdeckt, die dringend erneuert werden müssen.

Gebt nicht auf, die Gesetze zu studieren und fordert die Gegensätze dazu heraus:

Wie könnte es aussehen, wenn...

Was könnte es bewirken, wenn...

So sollt ihr mit jeder Problemlösung aufmerksam die Dinge auseinanderpflücken und nicht verzagen, wenn nicht gleich die Lösung und die Wunderheilung eingetreten sind. Ergebt euch mit aller Ehre und jeder Haltung von Aufgabenbewusstheit in die Angelegenheit hinein und achtet nicht auf eine zeitliche Erscheinung. Sie erfordert oft eine Reife, um das Resultat dementsprechend auf- und annehmen zu können.

Mit diesen Worten und aufeinander folgenden Erklärungen erhoffen wir uns eine Einvernahme mit euch, die mit der Seele ja sagen und die Einsätze nicht erbringen. So ist das leider wie in so vielen Inkarnationen, dass der Weg dahin gezeigt wird und nicht gewählt wird. Diese Weisung und diese Informationen beinhalten die Problemlösungen von so vielen und möchte erfasst werden. Doch die Individualität des einzelnen ist sehr ausgeprägt.

Um zu wachsen, braucht es in Zukunft eine spitze und heftige Kehrtwendung. Die besagt, dass ihr mit eurer gemeinsamen Arbeit weiter kommt als mit der einzelnen Aktion. Denkt darüber nach und verbleibt nicht in euren festgefahrenen Geleisen, die euch nach nirgendwo befördern. Achtet auf die vielen Hinweise, die kommen in der nächsten Zeit.

* Befreit euch Kinder, befreit euch! *

Die Zeit ist nah von der großen Welle, die mit euch eine Reihe von Spielen spielt. Um zu überleben, ergießt eure Liebe in das All und denkt nicht nach, wohin es geht, dieses Feuer der Liebe. Die ganze Welt und jedes Universum existieren in Einem. So sieht das aus und ist festgelegt. Die Engel der Wahrheit sind unterwegs, um euch beizustehen. Ergebt euch in ihre Liebe mit allem, was ihr habt.

Die Hierarchie in Licht und Liebe
euer Jan

Channel 72

Liebste Kinder des Lichtes,
ihr habt die Wahl von euren Eltern gehabt und die Wahl von eurer Lebensweise. Achtet nicht auf eine Einstellung von der anderen Seite. Sie wählen ihre Einstellung und sind frei in jeglicher Hinsicht. Achtet nicht auf die vielen negativen Aussagen die kommen können bei der Ansprache dieses oder jenes Themas. Die vielen Suchenden finden den Weg zueinander und erfüllen ihre Einstellungen zueinander wie miteinander. Die Wege dahin sind vorbereitet und warten auf die neuen Be-

kannten, die sich treffen und verstehen. Du hast die Neuen in ihrer Eigenart zu erkennen wie zu respektieren. Nicht deine Einstellung ist maßgebend, sondern die des anderen. Sie haben die Aufgabe, die Dinge von ihrer Sicht zu erzählen, um auf eine gemeinsame Einstellung zu stoßen, die alle erfüllt in ihrem Fühlen. Die Aufgabe ist oft nicht die, die man sich denkt. Oft ist sie versteckt in ihrer Hülle. Die sieht dann einfach aus und verschenkt erst mit der Arbeit ihre Geheimnisse.

Ich möchte euch mitteilen, dass ihr die große Aufgabe in der weiten Welt mit Liebe und Achtung bearbeiten sollt. Nicht mit Hader und Zorn. Die Aufgaben erfüllen sich leicht und verlieren in der Tat an Härte, wenn ihr sie mit dieser Aufmerksamkeit erledigt, wie eine Mutter ihr Kind stillt. So seid in euch und verwertet die gelernten Einheiten, um sie mit Liebe weiterzugeben an jeden, der sie hören möchte.

Die größte Masse ist die dümmste, da sie mit der einer Herde Schafe verglichen werden kann, die mit aller Selbstverständlichkeit der Leitung folgt. Die könnte genauso gut in den Tod ziehen und sie würden nicht spüren, dass sie nicht folgen sollten. So ist es mit Menschen, die mit der Masse ziehen und nicht merken, dass es eventuell ins Verderben geht. Mit dieser Erfahrung habt ihr viele Leben erlebt und nicht verstanden, dass ihr für euch entscheiden müsst, wohin der Weg gehen soll. Die anderen haben den ihren Weg und sind nicht mit der Masse oder dem eigenen zu vergleichen.

Ich habe euch eine schöne Ansicht zu vermitteln, die besagt, dass du und du ein Individuum darstellt, das einzigartig und göttlich ist.

Also seid es auch.

In Licht und Liebe euer Jan

Channel 73

Liebste Kinder des Lichtes,
ich freue mich, die zahlreichen Interessierten zu begrüßen. Wir haben viel vor und deshalb bin ich für eure
einzelnen Vorhaben zuständig. Wir beobachten und be-
werten liebevoll die einzelnen Vorhaben. Sie sind nicht
immer von hoher Gesinnung, jedoch die Vorgehens-
weise ist zulässig, ob tief oder hoch. Jeder ist für sich
und seine Einfälle verantwortlich. Du hast mitangese-
hen, wie eine Notlüge zu einer ausgewachsenen Tat
entstanden ist und wird für diejenigen nicht freudvoll
ausgehen.
So sei denn gewiss, dass die Ehrlichkeit und die Wahrheit mit Licht belohnt wird.
Die andere Variante ist nicht lichtvoll und somit für die
Dunkelheit ein interessantes Objekt für ihre Zwecke.
Mit diesen Worten möchten wir darauf aufmerksam
machen, dass die Welt mit ihren dunklen Gedanken wie
Taten eine wichtige Rolle auf das Ganze spielt. So er-
achte die Gesetze von der Heilen Welt, mit der ihr in
göttlicher Verbindung seid.
Ich freue mich, dass die Wahrheit und ihre Verästelun-
gen nicht nur ge-währt werden sondern auch ge-spürt.
Sie erhält die beiden Verbindungen zu Gott und dem
Menschen. Sie spüren sich wie eine Mutter ihr Kind
und ein Vater seinen geschenkten Menschen, der ihnen
zur Pflege übergeben wurde. Er ist mit dem Teil des
Göttlichen in Ewigkeit verbunden und eine Verbindung
zu der eigenen Lebendigkeit kann entstehen. Ich freue
mich, dass die Verbindungen in alle Welt verbreitet

sind und sich die Familien in einer anderen Inkarnation wieder erwarten und begrüßen - nur in anderer Form. Diesmal vielleicht als meine Mutter, damals in Form von einer anderen Verwandten. Sie treffen sich, um die Räder der Zeit nicht allzu nah zu erfahren, da viele mit der anderen Person noch eine Erfahrung entdecken sollen. Sie erfahren sich selbst noch mal, wie sie eine gewisse Erfahrung gemacht haben und wie diesmal eine Erfahrung nicht verstanden wird. Eine andere Person hat eine andere Empfindung und möchte nicht verdichtet werden, indem eine Meinung vertreten wird, die nicht seine eigene ist. So erreicht ihr mit der Meinung nur eine Be-einflussung und nicht eine wertvolle Eingabe mit göttlichem Wert.

Achtet auf eure Gedanken - sie erfüllen eure Seelenanteile und heilen die vergangenen Wirkungen, die euch geplagt und gequält haben.

Ich möchte mich mit diesen Worten verabschieden und freue mich auf die nächsten Erfahrungen mit euch allen.

Ich bin euer

Channel 74

Liebste Kinder des Lichtes,
ich möchte euch heute eine Angelegenheit, mit der ich zu tun habe, erläutern.

Die Geistige Welt mit ihren Helfern übermittelt die Informationen, die ich euch weiterleite. Denkt nicht, dass ich das für euch ermittle. Die Überbringung liegt in meiner Verantwortung. Die andere Ausarbeitung ergibt sich aus den eigenen Erfahrungen der Großen Meister, die mit euch die Reise der Erde angetreten sind, um euch mit Licht und Erfahrung das Einmaleins der Geistigen Lehre beizubringen. Wir erhoffen uns eine gemeinsame schöne Zeit und freuen uns über jeden Schüler, der mit der Materie eine Einheit eingeht. Mit dieser Einheit hat er eine Rüstung für den Alltag und befürchtet nichts mehr, was auf ihn zukommt. Mit dieser Rüstung habt ihr die Möglichkeit, das viele Allerlei zu bewältigen, indem ihr mit der Aufmerksamkeit dieser Zeilen eine alltägliche Gemeinschaft bildet. Hebt euch die wichtigsten Sätze auf, um mit ihnen zu arbeiten. Ich befürworte die einzelnen Aufgabensätze und lerne durch sie wie ihr. Ich bin in der Fraktion wie die Großen Meister, jedoch in Lehre wie ihr. Somit haben wir die gleichen Aufgaben und auszuführenden Lektionen. Ich möchte mich für die Zusammenarbeit, die daraus entsteht, bedanken und eine schöne gemeinsame Zukunft erhoffen. Die Aufgaben der jenseitigen Angestellten sind in vielerlei Hinsicht einfacher, da die erschwerenden Körper wie Anziehungskraft der Erde nicht stören. So haben wir den Vorsprung vor euren Lektionen. Ich möchte mich nicht erhöhen dadurch und freue mich über jede Lektion, in die wir gemeinsam geschickt werden. Für diese und die nächsten Lehrgänge bedanke ich mich, ihr Lieben, dass wir das gemeinsam erleben dürfen. Für eine neue Arbeit heißt das, wach zu sein mit allen Sinnen und Freude zu entwickeln. Die entsteht durch eine einzige Wahrnehmung, nämlich die der Dankbarkeit. Sie ist die Trägerin der Zufriedenheit und fordert immer wieder neu auf, sich zu erkennen und verändern. Somit entsteht eine einfache Anhäufung von einfachen Werten, die sich zu einem Ganzen formen. Ich erfahre eine Reihe von Erläuterungen, die sich mit den euren kreuzen. Sie beinhalten die Rechte und die anhaltenden freien Lehren, um euch zu formen. Das Ergebnis ist eindeutig und feiert die Krönung mit der Heiligen Herrschaft, der Hierarchie. Ich möchte euch die Erhaltung von der Geisteslehre besonders ans Herz legen. Sie beinhaltet die Lehren, die ihr mit in eure Leben nehmt.

Kein geistiges Wissen geht verloren und ist euer für alle Zeiten.

Gebt dieses Wissen nicht auf und belehrt in jedem Moment dieses Lebens alle Menschen, die mit der heutigen Wissenschaft ein Verhältnis eingehen. Sie können eine Veränderung veranstalten mit ihren Konsequenzen, die sie aus der Ver-feinerung ihrer Errungenschaften erlösen. Durch diese intelligenten, hilfreichen, notwendigen Errungenschaften sind die Nächsten dieses Planeten gerettet und können mit ihrem Planeten eins gehen. Ich möchte mit dieser hilfreichen Aktion, die euch das Leben rettet, eine Angelegenheit ans Herz legen:

Gebt mit eurer Stimme eine wichtige Angabe, die mit viel Herz und Liebe zu Ansporn beiträgt. Sie entscheidet über Bleiben oder Gehen. Das ist so einfach, ein paar Übungen mit Liebe und Herz zu verbinden - sie sind eins.

Ich verabschiede mich für ein weiteres Mal und bin euer Jan

Channel 75

Meine lieben Kinder,

ihr habt eine Fülle von der einen Informationsquelle, der des Planeten. Die andere Quelle ist mit dieser Fülle nicht im Ausgleich. Ihr habt die eine und die andere nicht. Was heißt das? Dass ihr mit der einen erfüllt seid und die andere ist untersorgt.

Ihr denkt, mit der Information von euren Nachrichtensendern hättet ihr einen Überblick und könntet die Macht in eurer Hand halten. Ihr könnt überhaupt nichts halten. Die Erde dreht sich und mit ihr die Informationen - die sind mal so und mal anders. Wie könnt ihr euch an dieser Unstetigkeit festhalten? Es ist eine Illusion, dass ihr daran einen Halt findet. Die Illusion ist perfekt, wenn die Information als falsch korrigiert wird. So habt ihr mit der einen eine wertlose Information und mit der anderen hättet ihr eine wertvolle Kraftquelle, die nie versiegt.

Ich freue mich, wenn ihr mit uns eine Einheit bildet und die angehenden Aufgaben bewältigt. Die Aufgaben sind auf euch einzeln zugeschnitten und feuern euch zu neuen an. Erreicht damit eine Vielzahl von Erfahrungen wie zum Beispiel eine Brücke von der einen Inkarnation zu der anderen. Sie leitet euch in universellen Bahnen wie auf Geleisen, die mit den himmlischen Sphären in Verbindung stehen. Die Post entsteht ähnlich - sie leitet von einer bestimmten Ausgangsposition die Information weiter zu dem Empfänger. Dieser ist für den abgesendeten Inhalt nur ein Empfangender, wie ihr, wenn ihr eine Information erhaltet. Die ist für den Empfänger eine neue, die nicht nur für ihn eine Bedeutung hat.

Ich formuliere das wie folgt:
Ihr habt eine Information, die für Interessierte eine Bereicherung ist. Also informiert die anderen Mitmenschen und seid eine Einheit. Die bewährt sich wie folgt:
Ich erteile dir und dir eine Information und die entwi-

ckeln sich zu einem Vulkan mit Wissen. Bis er nicht gefüllt ist, bleibt er in sich ruhig, danach erbricht er sich und weitet sich über die Ländereien aus. Er hat eine Information gespeichert, die die Menschen in positiver Weise beeinflusst. Sie nehmen diese über die Erde wahr und erkennen keinen Absender. Der ist untergegangen in der Flut, um die anderen zu erhöhen. Sie erhöhen sich durch den unbekannten Absender, der mit der Information verantwortungsbewusst umgegangen ist. Keiner ist sich seiner wirklichen Auswirkungen bewusst, wie eine Aufgabe auf den anderen wirkt, wie sie schon so oft nicht wussten, wie etwas überhaupt zustande kam. Die Welt ist voller Informationen, die ihr nicht wahrnehmen könnt. Es ist zu intensiv, um die Zusammenhänge zu erörtern. Ich fühle mich mit der Weiterleitung betraut und gebe die Informationen weiter. Dies ist meine Aufgabe. Ich erwarte nichts dafür und bin in Licht und Liebe eingebettet. So fühlt euch auch in der nächsten Aufgabenstellung eingebettet wie behütet. Die Lehrer sind bei euch und unterstützen euch in jeder Form. Fühlt euch nicht unterlegen und schätzt die gemeinsame Arbeit. Ich bin für die meisten schon ein Bekannter, der mit euch eine Lektion erlebt. So erlebt auch die anderen Lehrer und Meister, die euch in Liebe beistehen.
Ich verabschiede mich und bin euer Jan

Channel 76

Liebste Kinder des Lichtes,
ich möchte euch heute führen, führen wie ein Elternteil

ihr Kind führt. Wir haben nicht die Veranlagung, dass wir mit euch verwandt sein müssen, um euch beizustehen. Wir führen und leiten einfach.

Wie habt ihr euch die Führung denn vorgestellt? Wie ein Führer euch führt und auch in den Abgrund? Dies ist nicht gemeint. Die richtige Führung ist liebevoll und mit guten Vorsätzen wie eine Familie dies haben und anstreben sollte.

Ihr habt mit der ganzen Welt die gleichen Anforderungen und Sorgen, die euch zweifeln lassen an eurer Führkunst. Ihr habt nicht verstanden, dass die Führung nur in der Liebe zu erfüllen ist. Nicht die Art der Erziehung, ein Wort, das wir nicht gerne aussprechen, da es Gewalt in sich birgt, sondern ein Wort der Liebe oder eine Geste des Mitgefühls sind wichtig, um gesunde Menschen in die Eigenverantwortung zu begleiten. Sie wollen nur eure Aufmerksamkeit, die sie fördert, um eine Erfahrung und eine neue Inspiration aufzunehmen, wie zum Beispiel eine Spinne nicht als schlimm und hässlich zu erfahren. Dies sollte von einer erfahrenen, erwachsenen Person so vermittelt werden, dass es ein göttliches Individuum ist, von Gott geschaffen wie die Menschen. Sie haben nicht die gleichen Individuumsanteile wie die Menschen. Sie verfügen über Sensoren, die die Menschen nicht annähernd besitzen und verstehen. Sie denken, sie seien die höchsten lebenden Individuen und vergessen, dass die Tierwelt mit ihren einzigartigen individuellen verschiedenen Eigenarten erhöht ist. Durch die niedere Schwingung der lebenden Anteile erreichen sie eine hohe Schwingung, in der sie mit der jenseitigen Welt wie in einem Tiergehege mit viel Licht und Sonne leben. Sie haben keine anderen Sorgen wie ihr, sie sind in der Materie wie in der Nichtmaterie vereint und fühlen sich nicht von der einen oder anderen vernachlässigt wie ihr. Ihr habt die Leben, um an ihnen zu wachsen und nicht an ihnen zu brechen.

Macht es wie die Tiere, sie erklimmen die höchsten Stufen durch ihre unablässige Eingebung des Lebens, dieses Lebenselixiers.

Es gibt den Tod nicht, wie ihr ihn erlebt. Sie er-geben sich in das Erfühlte und nicht in das Erdachte. So erreichen sie in höherer Ebene die Erfüllung und erwarten eine klare und einfache Erfahrung, wie sie von Menschen nicht erfahren werden kann.

So erfährt die Tiere und das kleinste Lebewesen in ihrer Fülle nicht als ein Geschöpf, das nicht zählt und keinen Zweck erfüllt. Die Dinge liegen oft anders, als ihr es euch erdenkt und erhofft. Sie liegen so, wie ihr sie erarbeitet mit euren Aufgaben, nicht wie ihr sie gerne hättet.

Die Lektionen in entsprechender Reihenfolge gestaltet die Große Gemeinschaft, die Hierarchie.

SIE entscheiden über eine Erhöhung oder eine Erniedrigung in der Reihenfolge, in der sie entsteht, nicht in der sie er-dacht ist. So sei es in alle Ewigkeit.

Kein Blatt und kein Tier hat eine eigene Bestimmung, die nicht von der Großen Meisterschaft ausgearbeitet ist. So denkt denn beim nächsten Mal, wenn ihr eine eigene Idee habt, dass sie nie eine eigene war.

So seid in Licht und Liebe gegrüßt von der Hierarchie, die euch beschützt wie begleitet in eurer Hülle.

Euer Jan

Channel 77

Liebste Kinder des Lichtes,

ich freue mich, die ganze internationale Interessegemeinschaft auf dieser Ebene begrüßen zu dürfen. Ich
habe mit euch die Reise in die Welt der Freude und der
Harmonie vor. Bereitet euch darauf vor und seid in uns,
nicht mit der Idee, sondern in uns. Das ist ein Unterschied. Wir bewegen uns in der linearen Zone und feuern die Menschen in ihrer unsteten Haltung zu mehr
Leben an, ein Leben, das in der göttlichen Ordnung
basiert. Nicht mit der Gewalt und der Forderung nach
einer schöneren Welt sollt ihr leben. In euch ist eine
Kraft, die ihr mit einer kleinen Geste öffnen könnt: Die
Liebe.

Es ist keine Kraft der Unstetigkeit und keine Kraft der
Hilflosigkeit, es ist eine Kraft der Hingabe und der
lichtvollen Substanz, die der Einheit mit sich selbst wie
mit Gott. So seid denn in euch und vergesst die unsteten Gefühle von Angst wie Hilflosigkeit. Ihr habt mit der
einzelnen Hingabe eine innere Kraftquelle, die ihr jederzeit nutzen dürft und in euch ruhen könnt. Wie an-
genehm ist dies gegen eine jederzeit auftretende Unruhe, die mit der Heiterkeit nicht übereinstimmen kann.
Sie erfordert eine ausgeglichene und gelöste Stimmung, die nicht mit der einer unsteten verglichen werden kann.

Ich freue mich, die Dinge so zu verbreiten, wie sie sind
und nicht wie sie erwartet werden. In euch wisst ihr das
auch und fordert deshalb die unaufrichtigen und gelo-
genen Urheber heraus, um mit ihnen die Aufrichtigkeit
zu erproben. Ihr verhaltet euch wie eine unwirsche Person, die nicht vernünftig denken kann. Deshalb ist eine

Klärung und Richtigstellung von der Situation erforderlich. Ihr habt kein unstetes Gefühl, wenn die Gefühle nicht verdreht und unklar definiert sind.

Achtet deshalb wahre und gute Ausdrücke, die euch aufmuntern, nicht wie die Zeichen der Vorsehung, die euch nicht aufbauen. Sie erschweren eine gute und richtige Wahrnehmung und behindern die Ausrichtung. Erhaltet euch die unvoreingenommene Haltung, die wichtig ist, um in Wahrheit und Aufrichtigkeit zu sein.

Ich denke, dass ihr mit dieser Information die richtige Unterscheidung von heiter und gelassen zu dem unaufrichtigen Getue hin zum aufgesetzten Humor für euch wahrgenommen habt.

Er-gebt euch in die Gefühle, die mit euch die Wahrheit und das Echt-sein üben.

Wir freuen uns über die Wahren und die Echten - sie regieren einst die wahre Welt mit ihren Schönheiten und ihrem Zauber. Der Planet lebt! Seid euch dies gewiss.

Ich bin in Licht und Liebe euer Jan

Channel 78

Liebste Kinder des Lichtes,
ich möchte euch heute eine Geschichte in der Art von den Menschen erzählen. Sie handelt von der Freude und der neuen Zeit, die euch viel Freude bescheren soll. Mit der neuen Zeit habt ihr eine gute Gelegenheit, die anderen Mitmenschen in ihrer Art wahrzunehmen. Sie verfügen wie jeder von euch über ein genügend ausgerüstetes System, das nicht erlischt, wenn es ge-

pflegt wird. So gesehen habt ihr die Anrechte auf euren Körper wie auf die Seele, die nicht mit der Zeit altert oder eine Quetschung für schlimm erfährt. Ich möchte euch die Geschichte erzählen, die mit der neuen Zeit ein Beispiel bildet. Die Geschichte lautet:

Einmal ging ein Bursche über einen Bach und fand ihn mit all seinen erfrischenden Geräuschen und Erscheinungen wunderschön. Er blieb stehen, um ihn genauer zu studieren und wir mischten ihm noch viele schöne Erinnerungen in die Betrachtung. Deshalb blieb er länger als geplant stehen und erschien zu spät in seiner Ausbildung. Dafür wurde er gerügt und war für einige Zeit erstaunt, weshalb die anderen nicht verstanden.

Dieses Beispiel erfordert eine Ein-Fühlung und eine neue Denkweise. Dies erfordert die Aussage zu verstehen und zu wissen, dass eine Aus-Bildung in dieser Missachtung und Ehrverletzung nicht mehr möglich ist. Die Aus-Bildung besteht in der Reihenfolge, die erfahren werden sollte und nicht die, die mit der eigenen nicht das Geringste zu tun hat.

So wäre die einfache Lösung gewesen, die Erfahrungen von dem Burschen in das Programm einzubauen wie folgt:

Zuerst die Anfrage, ob alles in Ordnung sei.

Dann eine Absprache, dass dieses Verhalten nicht zu der Unterrichtszeit stattfinden sollte.

So wäre schon einmal die Situation gerettet gewesen, um eventuelle Erfahrungen von seiner Seite einzuflechten.

Die realen Situationen sind nicht so treffend wie die unrealen. Sie sind ent-standen und nicht ausgedacht. Mit dieser kleinen Geschichte sollt ihr verstehen, dass nur die Situation eine Lernfunktion hat, nicht die Lehraufgabe, die von der Idee einer Person ausgeht. Die ist oft verdunkelt durch die eigenen Wahrnehmungen und deshalb ist die Idee nicht so hoch zu setzen wie eine entstandene Situation.

Dies wird euch überraschen, da die Lehrlektionen von der Idee einer Lehrperson erarbeitet werden. Sie hat auch ihre eigenen Aufnahmefähigkeiten und deshalb ist es eine unreine Aufgabe. Ihr habt die Reinen in euch und lasst euch deshalb führen in Licht und Liebe.

Hierarchie   euer Jan

Channel 79

Liebste Kinder des Lichtes,
ich möchte euch die Vorhersehung in der Einfachheit erklären. Sie besteht aus der einzigen Quelle die es gibt, der Schöpfung und ihren Eindrücken. Die wiederum hat viele Unterstufen, die so genannten Einfälle, die euch geschickt werden, um eine kleine Anhaltstelle zu erfahren. Die einzelnen in ihren Punkten erfahrt ihr in euch. Erwartet keine Lösungen - die müsst ihr in Gottes Namen selbst erarbeiten. Wir erläutern euch in euren Gedanken die Lösungsmöglichkeiten und erfahren mit all den Konsequenzen müsst ihr sie. Erachtet eine nach der anderen und ent-scheidet euch für die eine oder andere, es hat immer verschiedene Auswirkungen, die ihr wieder zu tragen habt. Mit einer einzigen Macht erreicht ihr die Antwort auf eure Fragen - der Macht der Intuition, die euch in euch erreicht. Sucht nicht im Außen, sie haben in ihnen eine andere eingegeben und können nur eine Anregung sein für die Möglichkeiten.

Ich frage mich, ob es eine einzige Antwort auf eine Frage gibt - ich glaube kaum. Die Antworten sind so vielfältig wie die Menschen und ihre Ansichten. Sie erkennen nur die eine von vielen und sind erstaunt, dass es noch andere gibt.

Ich freue mich, wenn die Antworten nicht zu erraten sind, sondern zu ergründen. Diese Übung ermöglicht euch eine wertvollere Eingebung, die über Intuition und Erkenntnis des eigenen Wahrnehmens entsteht. Im Reich der Informationen sind viele Helfer, die euch eine Einsicht über eine Erfahrung und ihre Aufträge geben. Sie erhöhen sich durch eine interessierte Haltung. Deshalb ist es wichtig, die Aufgaben und ihre möglichen Lösungen in erhebender Stimmung zu durchleuchten.

Erforscht, welche interessanten Möglichkeiten und versteckten Schätze sich darin verbergen. Mit dieser Methode erreicht ihr eine gute, erstklassige Einschätzung von der Angelegenheit und euch selbst. Ich möchte nicht einsehen, wie viele sich nur auf das eigene kleine Sichtfeld beschränken. Gebt dem Angebotenen einen Freiraum und wartet, was entsteht durch diese Öffnung.

Ich er-reiche nur durch eine Wahrnehmung und Öffnung eine klare Sicht, um eine rechtmäßige und erfolgreiche Entscheidung zu treffen. Wir er-öffnen euch gerne eine klare und erfolgreiche Entscheidung.

In Licht und Liebe
Euer Jan

Channel 80

Liebste Kinder des Lichtes,
ihr habt so lange gehalten, was ihr euch vorgenommen
habt, bis es wieder nur ein Traum blieb. Diese Verhal-
tensweise ist eine vielverbreitete menschliche Angewohnheit. Dazu möchte ich nur sagen, dass dies in
keinster Weise förderlich ist.
Der Wille und die Freiheit sind füreinander die Quellen
der Widersacher.
Wir empfinden eine gute Willensfreiheit als gerecht und
fügen einen wirklich starken Genuss hinzu, den ihr
auch in die Erzeugnisse einfließen lassen könnt. Ich
freue mich, die wirklichen Erzeuger von Wille und Freiheit, die eigene Entscheidung, zu spüren bei einem
Vorhaben. Wir erreichen viele Vorhaben mit diesen
beiden achtvollen Attributen. Ich möchte euch nicht
verwirren, jedoch der Wille und die Freiheit in ihrer
Form ergänzen sich und sind füreinander mitbestim-
mend, obwohl sie Widersacher sind, die kämpfen für
ihr Bestehen und ihre Durchsetzung.
Mit diesen Worten möchte ich nicht für oder gegen eine
wichtige Eigenschaft plädieren - sie ergänzen sich und
sind für sich eine Einheit. Ich mache ein Beispiel, wie
ihr diese Werte nicht verfeindet.
Ihr habt eine interessante Aufgabe zu erwählen, die
euch Spaß macht und viele interessante Spektren aufzeigen. So er-wählt in erster Linie die Aufgabe mit Mut
und Elan. Diese Aufgabe ist schon der Teil des Willens
und erfordert nun die zweite Instanz, die Freiheit. Wählt
sie so, dass mit der intakten Seele eine Forderung besteht - sie soll nicht zwingend sein.
Nur ge- und erzwungene Dinge erfordern die Unfreiheit.

Dies möchte die Seele nicht, wie auch keine Involvierung von Fremdbestimmern, die mit den Ratschlägen die eigene Entscheidung erschweren. Ich kann euch nur sagen, folgt eurem Instinkt und seid verantwortlich für die eigene Entscheidung.
Wir helfen in Licht und Liebe.
Er-reicht uns mit eurem Herzen, wir sind für euch da in Ewigkeit.
Die Hierarchie   euer Jan

Channel 81

Liebste Kinder des Lichtes,
ich möchte euch die Dinge, in denen ihr euch nicht auskennt, bekanntmachen.
Habt keine Angst vor der Neuzeit - sie existiert in euch und ist bereit, zu er-kennen und wahr-zu-nehmen. Ich freue mich, wenn der Einzelne die Bedingungen der eigenen Art und Weise respektiert. Die Art und Weise erfordert mit eurer Zugabe eine vollkommene Wahrnehmung und Freude, das Werkzeug der Intelligenz einzusetzen. Wir können nicht eine Weisung an eine Person weitervermitteln, die nicht bereit ist, das Erhörte zu verstehen. Die Intelligenz ist eine wichtige Erfindung der Geistigen Welt und gehört mit zu den Eigenschaften, die verteilt in die Menschen sind, um eine Sache zu er- und verstehen.
Wie könnt ihr ohne Intelligenz verweilen? Es wäre eine schwierige Angelegenheit, zu den anderen Mitmenschen eine Information interagieren, die nicht mit dem Verstand begleitet wird. Ich würde sagen, der Verstand

ist wichtig wie die Intelligenz und erfordert fortwährend
eine Einigkeit zur Außenwelt. Die erfordert wiederum
die Aufnahme, die jeder anders versteht und einsetzt.
Du erzählst etwas von einer freien Welt und jeder
nimmt dies anders in seinem Bewusstsein wahr. Ich
möchte die Dinge mit der Intelligenz und Wahrnehmung in eine richtige Erweiterung befördern.
Denkt euch die Hilfe und sie ist schon da.
Nehmt wahr und die Wahrheit ist schon da.
Er-denkt euch eine Sache und sie ist schon da.
So er-wartet mit jeder intelligenten Denkweise eine intelligente Anlage, die dann funktioniert, wenn sie funktionieren soll. So habt keine Angst vor der eigenen Intelligenz, sie ist erforderlich für eine wahre, intelligente,
interessierte Menschheit.
Erfüllt euer Leben mit der richtigen Errungenschaft an
Wahrheit, Kompetenz und Eigenwille. Die braucht es,
um an eine gelungene, intelligente Lebensweise zu gelangen. Ich möchte euch sagen, dass ihr mit der Intelligenz die größte Macht auf Erden und in der jenseitigen
Welt erreicht, jedoch die richtig Intelligenten auf dieser
Welt haben die Intelligenz in die Hände Gottes gelegt,
um ihn walten zu lassen. Ihr habt es dann so einfach,
wie ihr es euch nicht vorzustellen wagt.   Ich bin euer
Jan

Channel 82

Liebste Kinder des Lichtes,
wir haben für euch eine Mitteilung, die mit der jetzigen
Zeit einhergeht. Sie erfasst die ganze Menschheit und

ihre Inkarnation.

Wir befinden uns auf der Außenstation, die jeweils mit eurem Planeten und den vielen Abermillionen anderen verbunden ist. Wir verbringen die Zeit mit Wachen und Erfahren, wie eure Anliegen aussehen. Ich möchte euch eine reichhaltige Erfahrung anbieten, die eine gedeckte und ersehnte Hoffnung erfüllt. Mit meiner Fähigkeit der Integration ist es wie mit der Grundausbildung eines Berufes. Man kann die einzelnen Bereiche erklimmen und erfahren, doch eine Berufsausbildung ist mehr als das. Sie sollte die Menschen in ihren Fähigkeiten unterstützen wie bilden, nicht die der eingefahrenen Studien der Vorzeit, die mit der heutigen Zeit eine Riesenlücke bilden. Wir von der Geistigen Welt informieren die neuen Zugänge wie folgt:

Arbeitet in eurer Interessengemeinschaft und nicht wie wir das von euch fordern würden. Wir sind für das Wohl des lieben Nach-Hause-gekommenen verantwortlich und somit auch mitverantwortlich für sein Seelenheil.

Ich möchte euch bitten, die nächsten Berufe wählt bitte nach Be-rufung und nicht weil das ein Angebot von vielen ist. Befreit euch von dem Druck der anderen, die vielleicht mit der Wahl ihrer Entscheidung zufrieden wären. Um das zu erreichen wählt eine freie und liebevolle Entscheidung eurer Zukunft.

Mit diesem Plädoyer bin ich bei euch und hoffe, in Liebe euch angesprochen wie motiviert zu haben.

Ich bin euer Jan

Channel 83

Liebste Kinder des Lichtes,
wir haben eine Verinnerlichung der inneren Werte zu
erlangen. Wir müssen uns wie die anderen mit ihren
Werten akzeptieren und befolgen, wie sie leben möchten.
Ihr habt nur dieses eine Leben, in dem ihr mit der Wert-
frage konfrontiert werden könnt. Malt euch die eine wie
die andere Angelegenheit aus und ihr werdet sehen,
dass die Varianten nicht dieselben sind. Sie haben verschiedene Auswirkungen wie Ansätze. Sie beinhalten
nur die eine Essenz, die der Erscheinung und um diese
Erscheinung zu bewirken, gibt es die oder die Variante.
Ich möchte damit sagen, dass die Wege verschieden
sind und doch eine Einheit besteht, die der Kraft und
des Ausgleiches. Ich bin der Ausgleicher und ihr die
Kraft, die eine Sache bewerkstelligt. Die Freude ist bei
beiden gleich groß bei Gelingen und wartet auf eine
neue Gelegenheit, das Fass wieder zu füllen. Ich möchte euch führen, um mit der Intelligenz und der Intuition
die Einheit zu erlangen, die mit der Größe von einer
Elefantendame vergleichbar ist. Gebt nicht auf, wenn
die Situationen nicht dem entsprechen, was ihr erwartet habt. Mit der Erwartung ist es eine einfache Geschichte:
Erwartet nichts und ihr seid nie enttäuscht.
Habt Vertrauen in eure Intuition, die euch nicht täuscht.
Die Erwartung ist nur verwirrend und hat nicht das
Wahre und Richtige für die Person bereit. Sie spielt das
nur, um mit der Richtigkeit und Wahrheit in Einklang zu
kommen. Die wahren und richtigen Informationen sind
in euch - tief drinnen.

Um an sie zu gelangen, muss die eine Funktion ruhen und das ist der Verstand. Er hat nicht die Tiefe, um an die Intuition heranzukommen. Mit der Verstandesausblendung ist es wie mit der Uhr, ihr habt sie in euch und fühlt eine bestimmte Uhrzeit. Nutzt eure Sensoren und begebt euch mit Vertrauen in die intuitiven, inneren Uhren. Es ist von Vorteil, diese Anlagen mit der nichtverbalen, inneren Stimme in sich zu erkennen.

Wir von der Geistigen Welt mit ihren nichtverbalen Verständigungen haben viele schöne Ereignisse dadurch, die mit Stimme nicht erreicht werden könnten, da sie nicht ver-mitteln, was das Gegenüber vermitteln möchte.

Aus dem Herzen ist die Sprache der Meister und nicht, was die intellektuelle Idee vermittelt.

Wir möchten euch zeigen, wie das geht.

Die intellektuelle Idee ist die der Verstandesebene und heißt nicht, dass sie die Wahrheit beinhaltet. Mit der Herzsprache ist die Wahrheit in sich gewährleistet und fragt nicht nach der Richtigkeit der Aussage. In verbaler Form ist das Gesprochene nicht zu unterscheiden in Wahrheit oder Lüge.

Dies zu eurer Information und die Geistige Welt hat mit dieser Lehre eine wichtige Lektion verkündet.

In Licht und Liebe
euer Jan

Channel 84

Liebste Kinder des Lichtes,

wir haben viele, viele Feen, die euch in euren Leben behilflich sind. Um sie nicht zu vernachlässigen, sollen sie miteinbezogen werden. Sie erfreuen die Menschen gerne, um an ihrer Arbeit teilzunehmen. Ereifert euch wie sie an der Aufgabe und erfüllt die Anforderungen wie sie mit Liebe.

Ich freue mich, euch mitzuteilen, dass sie wunderbare Wesen sind, die mit Liebe und Elan an die Arbeit gehen. Sie erfreuen das Getane mit ihrer Energie, die von Gott kommt. Gebt ihnen die Gelegenheit und werdet die Freunde für sie, die sie für euch sind.

Kein Gebet und kein Geschenk brauchen sie, um an eurer Arbeit teilzunehmen.

Ich frage mich, ob ihr euch eigentlich bewusst seid, was das heißt, eine Arbeit Tag für Tag zu verrichten mit Liebe, ohne eine Anerkennung von Seiten der Arbeitgeber?

Ich möchte behaupten, nein, ihr habt keine Ahnung von dieser Heerschar von Helfern, die mit euch eine Vielzahl von Arbeiten verrichten, die getan werden müssen wie putzten und kochen, helfen und erklären. Dies alles und viel mehr ist ihre Aufgabe, die euch so gut arbeiten und dienen lässt, vergesst das nicht, sie sind die Verdiener eurer Dienste, die sie tun für euch.

Mit dieser kleinen Aufklärung bedarf es wohl noch ein bisschen Verdauung des Gehörten und deshalb erreicht ihr von meiner Seite aus eine Stellung der In-sich-Aufnehmenden, die das Gesagte aufnehmen, um es besser zu machen in der Zukunft.

Ich freue mich, die Dinge aufklären zu dürfen, die mit

der freien Ideologie von unserer Welt in Einklang sind.
Wir würden nicht die Aufträge in eine Ecke stellen, um
sie nicht mehr zu beachten. Wir hören über unsere
Körper, die aus Energie bestehen, dass die Aufträge für
diejenigen sind, die das wahrgenommen haben. Also
kann es nicht für jemand anders bestimmt sein. So
habt auch ihr eure Wahrnehmung und deshalb verach-
tet sie nicht, es ist eure Aufgabe und nicht die eures
Bruders, der eine andere zugewiesen bekommt.
Ich glaube, ihr habt verstanden und möchte euch aufmuntern, die aufgenommenen Eingebungen zu respektieren und zu veranlassen, in Erfüllung zu gelangen,
über Gott den Herrn.
Ich kann euch immer nur wieder raten, den Rat des
Herrn zu befolgen, er bringt euch Heil und Segen.
Dies zu meiner heutigen kleinen Rede und eine Bitte an
die Suchenden:
Gebt nicht auf zu suchen - die Suche beginnt in euch
und endet in Gott.
So seid in Licht und Liebe gegrüßt von
eurem Jan

Channel 85

Liebste Kinder des Lichtes,
ich erfreue euch mit der Hingabe in eure Angelegenheiten und ihr erfreut mich mit Anteilnahme an die göttliche Fügung, die alles fügt, was mit der Liebe und Erfahrung zu tun hat. Ich freue mich, dass ihr mit der Idee
und Einfältigkeit eines Kleinkindes die Wege in Angriff
nehmt, die euch in eure Intelligenz ergossen wird, um

sie zu verwirklichen.

Ich glaube, ihr habt mit der Intelligenz einen guten, treuen Partner, der auf eure Ideen eingehen und erfolgreich erörtern kann.

Was hat es mit dieser Idee auf sich?

Was soll diese Idee in mir zeigen?

Wie soll ich dies umsetzen in eine reale Idee?

Du hast mit der Idee eine Einweihung und eine Aufforderung erhalten. Nutze sie, um die tätige Intelligenz einzusetzen, die Idee zu verwirklichen. Ihr habt viele Möglichkeiten, sie einzusetzen für eure Brüder und Schwestern. Ich bitte euch, nicht zu verzagen. Um eure Lektionen in euren Leben zu meistern, bedarf es nur einer göttlichen Hingabe, die verbunden wird mit einer Liebe zu dem Nächsten, wie zu euch selbst. Ich verhandle ungern, da mit der Handlung eine Tätigkeit eintritt, die nicht geschmälert werden soll.

Du hast die Aufgabe, die gestellt wird, zu leisten, indem du mit der Aufgabe in einem Geflecht verwächst, um die Energie zu spüren, wie ein Kind in der Gebärmutter. Ihr habt alle schon einmal dieses Gefühl erlebt und es in euch aufgenommen wie die Mutter eure Energie, die nicht dieselbe ist. Ihr habt alle eine eigene und verfügt über die Gaben eurer Anlagen und die eurer Eltern.

Also seid jeder Mutter und jedem Vater für eure einzigartigen Errungenschaften und Anlagen dankbar.

Ihr habt das Einmalige des Lebens zu vollziehen, indem ihr es lebt und dankbar annehmt.

Ich freue mich, die Schar der Erkenner zu erweitern und hoffe auf viele mehr.

In Licht und Liebe

euer Jan

Channel 86

Liebste Kinder des Lichtes,
ich möchte euch die Vorzüge des Lebens einmal aufzeigen und die verschiedenen Lebens-Inhalte.
Ich freue mich, die zeigen zu dürfen, um einmal klarzu-
stellen, dass die Informationen nicht wie gedacht erledigt werden. Sie werden in viele kleine Fächer gelegt
und sortiert. Ich sage, mit sortieren ist wirklich sortieren gemeint. Ihr habt so viele unsortierten und wirren
Gedanken in euch, dass es mit der Ordnung herstellen
nicht so einfach ist, wie ihr wisst. Ich habe mit der Ordnung ein System, das mir mitteilt, ob es so in Ordnung
sei. Die Dinge in uns sind oft nicht die Dinge, die mit
uns das Geschehene erleben. Sie unterscheiden sich
folgendermaßen:
Wir haben ein System in uns, das uns sagt, ob wir dies
sind oder ein Jemand, der mit uns denkt. Ich drücke
mich nur so aus, um die Ergebnisse von der Sortiererei
in eine richtige Bahn zu lenken. Ihr habt die Informationen, die ihr erhält, zu sortieren in mein und ihre Geschichte. Ich meine, ihr habt genügend Intelligenz, um
eine klare Information von einer unklaren zu trennen.
Mit dieser Trennung ist es wie mit der Trennung von
der vielbesungenen Hälfte einer Liebe, die nicht die
Vereinbarungen eurer Idee mehr verwirklicht. Sie stirbt,
um in einer neuen Form der Liebe zu erwachen. In der
Liebe einer Beziehung ist das Wie von größter Wichtigkeit und erfordert die Aufmerksamkeit der beiden Beteiligten. So erfüllt einander mit der Liebe, die ihr füreinander habt und nicht die, die ihr nur erwarten wollt.
Erwartet die Liebe, die ihr geben könnt - nicht mehr
und nicht weniger.

Die ausgleichende Form ist maßgebend und heißt für die Liebe und nicht gegen sie. Ihr bewirkt nur feine Fäden und nicht richtige Verbindungen, wenn ihr nicht die Kraft der wirklichen fähigen Liebe hineinwebt. Die erfordert eine wahre Integrität, das heißt, die wahre Einvernahme einzusetzen, nicht das Wie-viel zählt, sondern das Was.

So gesehen habt ihr die Wahl einer reichen und ehrlichen Beziehung und könnt einander gewinnen für mehr und mehr. Die andere ist eine Liebe des Nichtgönnen und Wetteifern um jeden Preis. Das kann keine innige Liebe sein oder werden.

Ihr könnt euch gegenseitig verschenken - oder die Liebe verlieren zum anderen.

Ich grüße euch in Liebe und heiße euch ein nächstes Mal willkommen, die ideale Liebe anzuerkennen.

Euer Jan

Channel 87

Liebste Kinder des Lichtes,
ich freue mich, die Suchenden wieder begrüßen zu dürfen.

Wir haben unsere Intelligenz und fordern dieselbe in eurem Bewusstsein. Wir haben dieselben Anlagen und können deshalb die gleichen Leistungen in dieser Sphäre erwarten. Wir erwarten nicht von euch, dass ihr mit der ganzen Intelligenz uns in die Welt der Vergeistigung folgt, sondern mit der Intelligenz die Zonen der Sphäre in euch aufnehmt, die mit euch ein Interesseband erzeugt und mit dem ihr eine Spannung aufbaut, die euch befähigt, ein Gleiches zu erzeugen.

Wie oben - so unten, das ist kein Sprichwort.

Es beinhaltet eine große Fülle, mit der ihr er- und behalten bleibt in eurer Hülle, wie wir sie nennen. Ihr habt nur eine andere Idee, die euch verwirrt und einfach nicht zum Punkt kommen lässt, nämlich, dass ihr mit der neuen Idee eine Hülle mit Geist seid und nicht ein Körper, der mit einer Masse von elektrischen Teilchen gefüllt ist. Ihr habt so viele in euch liegen, wie ihr braucht, um zu funktionieren und deshalb seid ihr eine elektrisch geladene Intelligenz, die mit der Geistigen Welt und der übrigen Galaxie verbunden ist.

Kein Wesen in dieser Welt und deren Umfeld ist ohne Geist.

Kein Wesen kann ohne Geist existieren und deshalb seid ihr mit einer Hülle umschlossen, die euch einen lebenswichtigen Schutz bietet.

Denkt nicht, dass ihr nur mit der Luft und den Himmelsflüssigkeiten zu einer Lebensform befähigt seid - ihr habt mit der einzelnen und mit der mittleren wie größeren Galaxie zu tun.

Ich freue mich, die Dinge erklären zu dürfen, sie beflügeln die Menschen in ihrer Fantasie und heißen sie willkommen in der geistigen Runde, die für euch eine Verkettung und ein Ankerplatz sein kann, wenn ihr das möchtet.

Ich freue mich, die Nachricht überbringen zu dürfen wie eine Mutter, die ihr Kind erfreut und herzlich umarmt.

Ich bin euer Jan

Channel 88

Liebste Kinder des Lichtes,
ich informiere euch und ihr informiert eine andere Person. So ist das mit der Weitergabe in dieser Welt. Mit Informationen ist zu arbeiten und nicht mit in sich tragen und nicht an die Welt weitergeben.
Wir haben die unseren Informanten wie ihr die euren. Wir haben die, die mit der Sprache dieser Zonen vertraut sind, ihr habt die, die mit der Weltsprache vertraut sind. So hat jeder die, die er braucht, um eine funktionierende Gemeinschaft auf die Beine zu stellen. Wir erfreuen uns an diesen, die mit der Gemeinschaft die Ein-heit eingehen, um mit der gemeinsamen Stärke wieder an die täglichen Werke zu gehen. Ich habe eine große Bitte an euch:
Werdet nicht wie die mit der Eisenstange, um mit der Gemeinschaft zu kommunizieren. Sie erfordert nur Kraft, wie Streit und Unstimmigkeiten. Sie haben eigene Gesetze, die der Eisenstangen - sie fordern, anstatt zu erbitten.
Wir von der Gemeinschaft der Großen Weißen Bruderschaft er-bitten die verschiedenen Forderungen wie eine liebe Frage an den Betreffenden. Ich habe noch nie die Bitte eines Fragestellers in die Ecke gestellt, um mit der Antwort zu warten. Wir be-antworten die Fragen in Folge, wie sie erscheinen. Ich möchte nur, dass ihr mit der Forderung einer Angelegenheit nicht mit der Tür ins Haus fällt. Ich glaube, ihr habt verstanden, wie das gemeint war. So seid denn mit der Frage nachsichtig und habt die Geduld eines Tieres, das schläft. Ich gebe euch die Information, sobald eine Antwort in die Realität dieses Themas geflossen ist. Vorher ist es

nicht möglich, eine genaue Antwort für die betreffende Person bereit zu stellen.

Wir haben die unseren - ihr die euren.

So ist es ein Wechselspiel, mit dem ihr mit uns eine Einigung anstrebt. Nicht die Erwartung und der Unglaube machen eine Antwort, mit der wir in uns ergründen, ob es sein darf oder nicht. Ihr habt mit der Kommunikation die Fragestellung zu wählen, in die wir eintreten dürfen und nicht abwägen müssen, wie diese Frage gemeint ist und ob die relevant ist, um sie zu beantworten. Ich freue mich, wenn die Fragen präzise und ungekünstelt sind - sie sind eine Herzensangelegenheit mit Wahrheitsgehalt und sollten in dieser Form erbracht werden.

Ich bin mit Herz und Seele dabei und bin in Licht und Liebe euer Jan

Channel 89

Liebste Kinder des Lichtes,

wir haben in diesen Zeiten eine große Verantwortung und Hilfsbereitschaft zu leisten. Mit der neuen Zeit ist auch ein neuer Abschnitt in der Geistigen Welt entstanden. Wir haben mit euch eine Verbundenheit, die mit vielen Arten der Ver-Einigung stattfindet. Sie beinhalten von Lebensform über Gesundheit die Prozesse der einzelnen Entwicklungsstufen. So ist die eine Stufe die der Neuerung und Vervollkommnung. Achtet auf die Wortwahl - es ist keine Rechtschreibung, die nicht mit einer Seite die Wahrheit beinhaltet.

Die Neuerung heißt eine Neuerung der Zellen und der

DNA. Keine dieser wichtigen Bestandteile hat eine neuere Funktion - nur die alte, ausgediente hat nicht mehr die Richtigkeit dieser Zeit.

So erinnert euch wieder eurer alten und neuen Spiel- und Zeitgefährten, sie sind nicht mehr die-selben und doch die gleiche Person. So ist es mit eurer DNA, sie funktioniert nur mit der Verbindung von der eigenen Entwicklung - die wiederum eine einzelne Aufgabe ist, die zu koordinieren.

Ich möchte die Teilnehmer mit der wachen Intelligenz aufrufen, keine direkten Parallelen von den einen zu den anderen zu schließen. Sie haben alle einen anderen Entwicklungsweg und kann nicht verglichen werden.

Dies und noch viel mehr ist deine Aufgabe, einen schönen und friedvollen Zugang zu schaffen, um eine Um-Wandlung durchzustehen.

Mit diesen Worten und viel Einfühlungsvermögen verabschiede ich mich und bin

euer Jan

Channel 90

Liebste Kinder des Lichtes,
ich möchte euch heute und morgen und immer die Zeit zur Verfügung stellen, um die Dinge zu erörtern, die zu er-örtern sind.

Wir freuen uns, wenn ihr mit der Er-Örterung und einer freien Entscheidung die Angelegenheiten er-hört. Wir geben euch die Impulse und so könnt ihr über die Ka-

näle, die ihr zur Verfügung habt, eine Nachricht empfangen.

Wir haben die Kanäle, die ihr zu uns habt, zu Gott. Er
führt uns und die Geistige Herrschaft euch.

So funktioniert das mit der geistigen Führung. Ihr
müsst nichts anderes tun, als abzuwarten und die Dinge auf euch zu-kommen lassen. Eine schwere Angelegenheit für euch in Menschengewand. Es ist nicht
leicht, einen Antwortenden zu beraten.

Wir haben nur die Möglichkeit, eine Antwort in eure
Geister zu legen, wenn ihr mit eurer auf eine von unserer Seite wartet. Dies bedeutet, dass ihr mit der Antwort
nur zu warten braucht, bis wir die soweit bearbeitet haben und sie euch weiterleiten können.

Wir verbrauchen nicht diese Energie wie ihr. Die ist uns
und euch in ewiger Menge zugänglich. Nur wir verbrauchen nicht so viel wie ihr.

Die Luft, in der wir leben, ist mit einer Art Nahrung gefüllt und ist jederzeit für uns zugänglich. Die Nahrung
besteht aus Prana und enthält alles, was wir brauchen,
um die geistige Form mit ihrer Hülle zu ernähren.

Wir freuen uns über die neuen Arten der Ernährung auf
eurem Planeten. Sie er-füllen die Art und Weise der
Neuzeit und ihrer neuartigen Ver-Hüllung. In Form von
einer Tablette ist es nun gestattet, sich die Mahl-zeit
und die damit verbundene Ersparung an Zeit und Erzeugung einzuverleiben.

Wir erfüllen mit dieser gewonnen Zeit, die es in unseren Gefielen nicht gibt, aber trotzdem existiert, mit
Lobpreisungen und Lobliedern an Gott, unseren Er-
schöpfer.

Wir freuen uns über unsere Mit-Mitglieder in unserer
Höhe und können auf diese Weise die Fülle dieser Welt
mit der euren vermischen, um sie auf die Zeit der Er-

Neuerung einzustellen. Wir möchten mit euch auf eine schöne Zeit und Liebe zurückschauen, die uns verbunden hat.

Freut euch über unser Einmischen in eure und die der nächsten Leben auf ewig.

Ich glaube du und der andere hat eine Einmischung von unserer Seite nicht zu befürchten, da wir wie ihr an die göttlichen Gesetze gebunden sind und somit in keinster Weise eine Missetat an euch vollziehen dürfen.

Ich glaube, dass ihr mit eurer Verständigung eine gute Möglichkeit besitzt, um eine angenehme und freie Redensart zu erzeugen. Begleitet jeden Satz mit einem neuen Atem und wartet, bis die Lunge gefüllt ist - nicht mit der ungefüllten Lunge sprechen. Das verursacht eine bleibende und schädigende Wirkung auf den Körper. Er hat dann nicht genug Atem und somit Sauerstoff. Um mit der Planung von allen Organen in der Norm zu bleiben, braucht er eine bestimmte Menge, die dann in jedes Organ gesteuert werden sollte.

Wie kann er das leisten, wenn nicht genügend vorhanden ist?

Du hast so viel zur Verfügung und deshalb benutze die ganze Menge, nicht nur Teile.

Mit dieser und den nächsten Lektionen würde ich euch gerne eine gute Nachricht verbreiten:

* Liebt einander und seid euch Freunde *

In diesem Sinne verabschiede ich mich.
Euer

Liebe Tiere,

wir möchten die Qualen und Folterungen, die wir euch antun, entschuldigen.

Sie resultieren noch aus Un-einsicht und Eigen-nutz. Wir nutzen euch aus und verarbeiten die Teile zu Nahrung, gerben eure Haut und verbrennen die Reste wie Abfall.

Ich möchte, dass ihr mit unseren Seelen eins seid und nicht unsere Lieferanten.

Die Welt ist voller Unzucht und Unfrieden – ihr zeigt uns, was Liebe heißt, wenn ihr uns die Leben abgebt, die euch Gott gegeben hat.

Wir sind voller Ungnaden und sind schuldig geworden an euch.

Vergebt uns die Schuld und seid in uns als die Seelen, sie sich erkennen und Freunde sind, um mit-einander zu leben.

Die Liebe zu euch ist unermesslich – verzeiht uns.

DIENE
DIENE DEM PLANETEN
DASS DU EINS BIST MIT IHM

PLANE
PLANE DASS DU ERZEUGST
DASS DU GUTES ABGIBST

DENKE
DENKE DASS DU MIT GOTT GEHST
DASS DU EIN KIND GOTTES BIST

HANDLE
HANDLE DASS DU BIST
WAS DU SEIN MÖCHTEST

DIE HEILE WELT

ABSICHTSERKLÄRUNG

„Ich gehe in die Absicht, dem Ruf meiner Seele zu folgen und alles, was ich in dieser Inkarnation an Talenten und Fähigkeiten in mir angelegt habe, voll und ganz zu entfalten.

Ich bitte, die Geistige Welt, mir jeden Schritt, den ich gehen soll, zu offenbaren.

Ich bitte, die Ziele meiner Seele klar zu erkennen."